危机与转机

当代设计大家访谈录

景斯阳 编著

中国建筑工业出版社

序

设计是在中国改革开放以后发展速度最快的学科之一。设计牵涉着民计民生中的广泛领域，有着巨大的社会需求。设计的发展与时代变迁一脉相承，第一次工业革命与第二次工业革命时代，人类从以农业为主的封建社会转型为以工业为导向的资本社会；第三次工业革命过渡为后工业时代的服务型社会，如今的第四次工业革命时代，物理世界、数字世界和生物世界的边界逐渐模糊。如果说，第一、第二次工业革命是对物理世界的设计，第三次工业革命是对数字世界的设计，那么第四次工业革命就是为系统性的复杂体系而设计。设计主体由2D到3D，从实体到虚拟，从有形到无形，从个体到系统，形成了新的"间性"转化。如此，设计师需要在一连串的迥异的场景中扮演积极的角色，这不仅需要设计师对设计含义的变迁有深刻的理解，还需要在前人的设计思想上守正创新。

"当代设计大家访谈录"系列的发起者景斯阳，本科毕业于中央美术学院建筑学院，后在德国慕尼黑工业大学、美国宾夕法尼亚大学、哈佛大学、麻省理工学院攻读与设计相关的不同学位。这种"转益多师"的求学与研究经历使她具备跨学科的学术视野，而"敏于思"的素质秉赋使她勇于将所学转化为所思，将所思转化于所行，把开展学术调研和访谈业界名家作为研究和探究问题的实践方式，尤其把握和聚焦设计与社会、设计与科技、设计与自然、设计与传播这些前沿问题，从多元的视角、背景和语境向设计不同领域的名家大师发问，体现了新一代青年学者立足全球视野、敏思当代问题的前沿意识和开拓精神。在她回到中央美术学院设计学院任教后，又结合自己开设教授的新课程，结合中国设计与设计教育发展的实际进一步深化研究和探索,将访谈的活动向更多触角延伸,从而形成了"反思与展望"、"危机与转机"、"自然与城市"三个主题构成的访谈系列。毫无疑问,这套丛书以近距离的交谈与交流,直接性的设问与答问再现了生动的访谈现场,展开的话题在时间与理论两极之间形成了宽阔的维度,既具备流畅的可读性,又具有许多睿智的启发性,是一份最新的有关设计思维与实践经验相交织的文献。在景斯阳当年着手开展访谈的时候,我便深感她和她的同伴这份学术热情与勇气十分难能可贵,我举例在美国几乎每年都会出版一本"艺术谈"(ART TALK),通过对艺术名家的访谈,让人接近那些艺术的先锋探索者活跃的思想,倾听他们无忌的真言。许多年来,景斯阳坚持了下来,并且将访谈录集编成有主题、有结构的丛书,我欣见其成。

"当代设计大家访谈录"系列是多重思想"碰撞"的产物。首先,是中国与世界的碰撞。采访者以中国语境作为根基向国际设计大师发问,中国故事作为隐线、中国问题作为窗口、中国方法作为引子、中国实践作为案例。其次,是青年人与长者的碰撞。采访者代表着设计新生代力量,以理想的视角、未来的视角、困惑的视角、批判的视角、热血的视角向长者抛出问题,在一场场忘年对话中,沉淀出时代的智慧,折射出未来的希望。最后,是设计与多学科的碰撞。对话的问题包含对于政策、技术、文化、历史、未来、教育等领域的探讨,在学科交融中孕育创新。系列对话反映出宝贵的时代精神,体现了思想的传承与创新精神,是逆全球化时代中思想融汇贯通的精神,是经济动荡时代中孜孜奋斗与追求卓越的精神,是文化多样化时代中人类平等博爱互助的精神。

设计的问题是中国的也是世界的,是地方的也是全球的。希望这几百个问题不是结束而是开始,回应社会增长需求与设计人才培养的挑战；回应新技术与设计学科发展的挑战；回应文化冲突与交融的挑战。希望在中国与国际的对话中，青年人与长者的交谈中，搭建国际共赢共享共建的伙伴关系，将灿若星河的人类设计智慧，筑成社会发展的阶梯，构建新时代的人类命运共同体。

中央美术学院院长、中国美术家协会主席

范迪安

2023 年 3 月 20 日

前言

世界正在经历迅速的、全方位的变革；非线性发展超越传统认知；世界经济体间冲突加剧；颠覆性科技重构产业布局。疫情颠覆了人类的生活与生产方式，未来世界愈发呈现复杂性、风险性与不确定性。反思与存量设计成为设计师在"人类纪"的重要功课。

在此语境下，生态文明时代的设计需要平衡两方面的需求：一方面是显性的需求，而另一方面是隐性的需求。如果说显性的需求是一种外在伤口的处理，是对普遍与特殊条件下的社会新常态的回应，是对"黑天鹅"事件、百年一遇的极端条件的应对，是对减量资源消耗、存量社会需求、减缓经济发展的再设计；那么隐性需求则是内在肌理的调理，它对看不见的、流动的物质、信息的预测、管理及分配，对不可知未来输入相对可控的先决条件，设计一种可选择的未来。显性需求以当下为时间维度，以3—5年为单位；隐性需求以较长的历史时间轴为维度，以50—100年为单位。

设计在危机时代的角色，延续了设计以解决问题为导向的特点。然而，其更重要的议题是提出问题，以思辨、批判、启发、预测、夸张、隐喻等的方式引发更广泛的、不同角度的探讨与研究。这套丛书就是一系列对设计大家"发问"的集锦。以过去5年为轴线，丛书整合了设计多领域的国内外大家对于未来5年、50年甚至100年的思想映射，投射出行业的激变与未来。

丛书的系列访谈缘起于我在美国宾夕法尼亚大学、哈佛大学的求学经历。我于2014年至2016年在宾夕法尼亚大学攻读景观硕士学位，于 2016 年至 2018 年在哈佛大学攻读景观、都市主义与生态方向的设计研究硕士学位。期间，我选修了哈佛大学与麻省理工学院除设计学院以外的 6 个学院的 14 门课程，包括哈佛商学院、哈佛肯尼迪政治学院、哈佛教育学院、麻省理工媒体实验室等。在与不同领域的教授、企业家、研究者的交流与碰撞中，不同的思维方法、价值观、研究角度给我带来了巨大冲击。于是，我在课余时间选择以访谈的方式作为我的设计研究方法与认知世界的窗口，努力拓宽知识的边界，理解行业变革与世界变迁。开始，我的采访者聚焦于建筑、景观、规划领域，慢慢又拓展到了设计与科技，设计与经济，设计与教育等领域。四年坚持下来，我竟收获了一百多位大家的思想盛宴。一方面，访谈解答了我求学中的困惑；另一方面，对我在求知的路上是莫大的鞭策。

丛书选取了 36 篇精华访谈内容，既有大家们成长中的艰辛又有从业的经验；既有创作与研究思路又有近期的研究成果；既有对火星的设计倡议又有对社区的改造实践；既有对行业的反思又有对教育的远见；既有人生的教训也有为青年人的建议；既有对历史的凝练又有对未来的畅想。丛书具有如下特点：第一，先锋性。访谈对象几乎囊括了中国、美国景观、规划、建筑、艺术圈的大家与行业领袖。访谈是国内、国际一流学术、思想水平的体现。第二，多元性。访谈问题注重跨学科思维碰撞的价值挖掘，涉及未来教育反思、时代与实践、设计与科技等跨领域的创新思考。第三，时代性。丛书是中国与世界的对话，反映了时代下中国与世界的价值观碰撞，是讲好中国故事、弘扬中国学术价值与文化的载体。第四，前瞻性。采访团队由最新锐的哈佛大学、宾夕法尼亚大学中国留学生团队组成。从最未来、最先锋、最激进的视角发问，为下一代中国多种设计行业中坚力量打下坚实基础。

丛书分为三卷。

第一卷：反思与展望，包括的采访者有：哈佛大学设计学院前院长穆森·穆斯塔法维（Mohsen Mostafavi）、哈佛大学设计学院前院长彼得·罗（Peter Rowe）、哈佛大学设计学院景观系主任安妮塔·贝里兹贝蒂娅（Anita Berrizbeitia）、中央美术学院设计学院院长宋协伟，哈佛大学设计学院前景观系查尔斯·瓦尔德海姆（Charles Waldheim）、宾夕法尼亚大学设计学院院长弗雷德里克·斯坦纳（Frederick Steiner），国际知名艺术家徐冰，宾夕法尼亚大学设计学院景观系主任理查德·韦勒（Richard Weller），宾夕法尼亚大学设计学院前系主任、设计大师劳里·欧林（Laurie Olin），宾夕法尼亚大学设计学院前系主任詹姆斯·科纳（James Corner）、著名建筑理论家、设计大师查尔斯·詹克斯（Charles Jencks），中国企业家潘石屹等。

第二卷：危机与转机，包括的采访者有：荷兰 Het Nieuw Institue 的前馆长古斯·贝默（Guus Beumer），房地产经济咨询公司 HR&A 负责人坎迪斯·达蒙（Candace Damon），委内瑞拉城市发展局前局长、宾夕法尼亚大学教授戴维·古弗尼尔（David Gouverneur），同济大学建筑与城市规划学院前院长李振宇，哈佛大学设计研究生院前景观系主任教授、棕地专家尼尔·柯克伍德（Niall Kirkwood），NBBJ事务所董事、哈佛大学设计研究生院的城市设计实践教授亚历克斯·克里格（Alex Krieger），清华大学建筑学院副院长刘健，同济大学建筑与城市规划学院院长李翔宁，荷兰策展人威廉·迈尔斯（William Myers），OLIN事务所CEO、宾夕法尼亚大学教授露辛达·桑德斯（Lucinda Sanders），景观设计大师玛莎·施瓦茨（Martha Schwartz），马来西亚经济学家、中国经济研究专家胡永泰（Woo Wing Thye），北京大学景观设计学研究院创始人、土人设计创始人俞孔坚等。

第三卷：自然与城市，包括的采访者有：SASAKI景观规划事务所董事马克·道森（Mark Dawson），清华大学建筑学院高级工程师、北京清华同衡规划设计研究院副院长、美国伊利诺伊大学教授胡洁，日本著名建筑师隈研吾（Kengo Kuma），清华大学建筑学院景观学系主任杨锐，英国后工业景观大师彼得·拉茨（Peter Latz），景观设计师汤姆·里德（Tom Leader），SASAKI事务所董事丹尼斯·派帕兹（Dennis Pieprz），景观设计大师彼得·沃克（Peter Walker），Weiss/Manfredi事务所创始人玛丽恩·韦斯（Marion Weiss）与迈克尔·曼弗雷迪（Michael Manfredi），清华大学建筑学院教授、博士生导师朱育帆等。

仅以此丛书献给在景观、规划、建筑、设计、艺术界的同行者们。希望我们一同促进大设计领域在社会、经济、生活中发挥出日益重要的作用。

目录

序　　*003*

前言　　*006*

01　　古斯·贝默专访　　*012*

02　　坎迪斯·达蒙专访　　*030*

03　　戴维·古弗尼尔专访　　*044*

04　　尼尔·柯克伍德专访　　*062*

05　　亚历克斯·克里格专访　　*074*

06　　刘健专访　　*094*

07　　李翔宁专访　　*112*

08　　李振宇专访　　*128*

09　　威廉·迈尔斯专访　　*150*

10　　露辛达·桑德斯专访　　*168*

11　　玛莎·施瓦茨专访　　*178*

12　　胡永泰专访　　*198*

13　　俞孔坚专访　　*210*

附录　　*238*

注释　　*241*

图片来源　　*245*

后记　　*248*

贝默专访

图1　古斯·贝默

古斯·贝默（Guus Beumer）于 1985 年毕业于阿姆斯特丹大学，获得了成人教育学（Andragology）学位。随后他成了一名记者，但涉足领域变成了时尚界：在 20 世纪 90 年代，贝默是时尚品牌 Orson+Bodil 和 Alexander van der Slobbe 的 SO 的艺术总监。2005 年，贝默成为马斯特里赫特的文化中心 Marres 的主任，他将这一角色与 NAi（荷兰建筑和设计博物馆）附属机构的主任角色结合起来，后来他将其转变为欧洲办事处（Bureau Europe），专注于设计和建筑领域。2009 年，他成为"乌特勒支宣言"（Utrecht Manifest）——一个介绍社会设计重要性的设计双年展的策展人。2011 年，他成为威尼斯双年展荷兰馆的策展人（艺术）。2013 年，贝默被委托将以前的研究所 NAi（荷兰建筑和设计博物馆），Premsela（设计和时尚）和 Virtueel 平台（数字文化）转变为一个新的国家机构，负责整个设计领域，包括管理荷兰国家建筑和城市设计收藏；这就形成了现在的荷兰建筑、设计与数字艺术博物馆（Het Nieuwe Instituut）。随后，在这个新项目中，在贝默的领导下从多学科的角度对建筑、设计和数字文化等学科进行了探索。

采访时间：2021 年 01 月 10 日

采访地点：线上

GARLIC:
您是如何开始您的职业生涯的?您的履历丰富,听闻您曾学习成人教育学(Andragology)?

古斯·贝默:

这是一项鲜为人知的学科,我大概是第一个也是最后一个参加这项研究的学生。但是荷兰从20世纪50年代开始就受到社会主义观念的影响,在政府的支持下他们建立了一个非常精密的社会体系。

这个研究体系需要一个科学的基础——成人教育学。它试图将来自心理学、社会学和哲学的知识注入对社会的憧憬。那个特殊时期塑造了文化组织。均匀化地输入文化是政府的雄心壮志,这预示着文化的塑造不仅对于大城市至关重要,对于小城市亦是如此,即使是一个小村庄也可以有博物馆或剧院。其主导的观点不是基于游客的想法与他或她的需求,而是基于对文化的参与(access to culture)。这种想法高度影响了我,使我对身份和表征(representation)的问题感兴趣。您可以将其理解为成人教育的"左派语境"(leftist context)刺激了我去学习哲学。因此我从来没有受到任何类型的学科背景的教育,无论是设计、时尚或艺术。教育只教会我如何思考并发展出一种语言。而在我的一生中,我注意到人们似乎总是对那些有能力读懂世界的人感兴趣,即使他们是错误的。但如果他们试图接触世界,然后把它翻译成语言或媒介,人们往往为他们的思想所着迷。所以当提及我对年轻一代的设计师有什么建议时,我认为真正重要的是在任何媒介中反映社会的能力,因为它给了设计师灵活性。就我而言,它也给了我转型的可能性,因此也给予我长久性。

GARLIC：
您提到了语言对您的重大影响，那么您能更详细地说明一下，那是什么样的语言，设计语言还是文字语言？

古斯·贝默：

就我而言，通常是口头或书面语言，这种影响或许得益于我在哲学领域的训练。然而，我从来没有真正对自我的写作或说话感兴趣。我总是对有可能的对话感兴趣。不知何时，我开始遇到越来越多的设计师。他们从根本上质疑我所阐述的个人语言固定性。特别是我的合作伙伴：一位建筑师，他深刻地影响了我，让我看到了一个可能的故事情节作为一个展览或空间叙事的起点的巨大潜力。这就是我如何逐渐对改造我正在运作的媒介产生长久的兴趣。而且由于我的学术背景，我喜欢追求更抽象的问题。在时尚这一语境下，我更专注于身体的创意；在建筑领域，我对空间叙事的可能性更感兴趣，比如以展览的形式——尽管我个人对设计领域的贡献一直是发展一种可能的叙述。

图2　展览"废墟"（De Ruine），2013 年

GARLIC：
您的早期职业生涯是从您对语言表达的兴趣开始的。然后您被设计师、建筑师、展览所包围。您的职业生涯就是这样逐渐形成的吗？

古斯·贝默：

是的，你说得完全正确。我是那种从来不知道自己想做什么的人。我也相当反对身份固化的想法，而更喜欢保持事业的灵活性。幸运的是，我遇到了设计师，设计师也对我感兴趣，而我也可以反思他们的工作，这就是我们关系互相解放的方式。不仅仅是我在谈论或反思他们。我们——设计师和我，也开始思考，我们两者如何能够将各自的媒介有机地混合起来。

GARLIC：
所以您不是自己选择职业，而是您周围的人促使您做出这样的选择。您会建议像年轻人一样的学生去规划自己的职业吗？还是像您一样，您只要推动自己去做事情，然后机遇自然会降临。

古斯·贝默：

社会已经发生了翻天覆地的变化。我认为，计划的必要性已经变得更加根本。有时有某种真理具有一种主导性，你需要适应它们。当下我们往往都认为生活是关于计划的，是关于控制的。但事实上生活是关于巧合、机遇、阴谋和失败，而非全在掌控之中。所以我认为你当然要推动自己使你有能力充分计划你可能从事的职业，但在这个计划的概念背后，潜藏着另一个现实：我被好奇心所驱使。这一点永远不应该被忘记。因为我对探索我本身毫不感兴趣，但我可以对，例如对我说的一句话的反应产生兴趣，一个我自己都不可能做出的反应。所以对我个人来说，让自己适应任何可能的反应，适应所看到的东西，而不是仅仅适应我本身所具有的反应，这至关重要。

GARLIC:
在您的工作中，是否有您记忆深刻的人或问题曾经帮助您完善展览？在您的生活中，是否有某个案例对您产生很大的影响？

古斯·贝默：

对我来说，最大的影响来自与我的合作伙伴赫尔曼·韦克尔克（Herman Verkerk）的交锋，他也是一个建筑师。我从来没有对物质世界的历史方法感兴趣，我对其总是持批判态度。它可以是一个风格的想法和一个质量的想法或一个特定的作者。如今，您可能会反思那些故事情节中隐含的排他性。也许这也是我作为一个同性恋者的境况且缺乏认同的结果。但是对于那些神圣的叙事，对于那个官方的典籍，你能贡献什么？我对讲故事本身的质量更感兴趣，无论是真实的还是虚构的，所以我开始意识到某些特定的背景在我们的物质世界的整体验证中相当关键。感谢建筑学，我发现有一些像"会说话的建筑"（Architecture Parlante）[1]的东西，一种将建筑作为空间故事情节的方式，这就是某种类型的展览的开始。

虽然在早年，人们会对我的反馈相当消极；"您不是在做展览，因为我从来没有看到任何物体！"但是不要忘了，直到今天，展览依旧是物体展示的同义词。这些批评者是对的！因为在我们被允许做的展览中，几乎没有任何对象（或只有副本），因此也无所谓展示。你可以称它们为气域空间（atmospheric spaces），观众是一个表演者。一位朋友曾称这些展览为"思考的空间"。在这里，一切似乎都是相互关联的，但这取决于你作为一个参观者是否能将这些事物建立起联系；如果不能，展览空间中存在的一切都可能被视为一件件简单的事件。为了实现一个有意义的和潜在的可读环境，这种物体的缺乏可能是由大量的建筑来补偿的。从根本上说，因为我们更关注一个特定的视角的重要性，而不是一个有意义的物体的假定稳定性。你可以理解为作为对包括作者这一中心人物在内的对于艺术历史方法的回应，我们更倾向于以一种人类学的方法，接受任何视角的根

图3　展览"慕尼黑 1972. 民主机构的设计"（Munich 1972. The Design of a Democratic Body），2015 年

本不稳定性。如果说是方法层面上的可能影响，我会说在巴黎蓬皮杜中心的展览"非物质"（Les Immateriaux，1985）。这个展览首先质疑了参观者作为眼睛视觉的作用，并促进了多元化感官的视角。

GARLIC：

您提到了您对叙述这一手法的热爱和对相互联系的关注多于对物体的关注。于此我认为这构成了属于您自己的思想，决定了您看待事物的方式。那么作为 NAi（荷兰建筑和设计博物馆）的领导者，您认为它更像是一个博物馆而不是研究所？

古斯·贝默：

在西欧，被要求建立一个新的研究所是很罕见的。

我个人对研究所概念的参考来自 19 世纪，当时科学家希望与观众建立联系，并开发了他们的研究结果的展览。科学的发展脱离了 F.I. 纯粹的编目收藏，实现了激进的展示形式。

回到你的问题；是的，当政府要求我创建一个国家博物馆时，我很感兴趣。然而，因为我生长于20世纪70年代和80年代，在那时我们被教育要烧掉所有的博物馆。对我来说，这些有特权的地方只是出于把关控制与排他性的目的。所以尽管我有疑虑，我还是尝试去想也许一个博物馆可能是一个有趣的提议。因为现在的消费主义是一种主导力量。如果您想开发别的东西，也许您需要在市场之外做。而一个受资助的博物馆可以成为一个潜在的欢迎观众替代模式。但随之而来的，思考什么是博物馆，以及除了讲座之外，博物馆的可以使用的手段和工具是什么，也变得至关重要。作为一个同性恋者和亚裔，我完全认同发展其他更具包容性的研究所的需要和对多样性的渴望.这种对世界的另一种看法的需求是荷兰建筑设计协会总部博物馆（HNi）的基础。虽然我喜欢展览，但我不太确定展览是否依旧是创造目前世界所需要的那种可见性的工具。

GARLIC:
所以您的这种想法确实很激进，不是吗？

古斯·贝默：

是的，任何在这个博物馆中的东西都可能是激进的，因为NAi是一所国有机构，民族身份及其代表的问题总是无法避免的议题。作为一个国家机构，每一个有政治野心的人都会相当关注这个机构，因此博物馆的设计需要满足他们的议程。即使是NAi的前主任也喜欢在我们的任务上投射他们的议程。我非常尊重荷兰的文化部，他们真正帮助我们接受了这项相当特殊的任务，而不是屈服于某些其他的要求。例如他们并没有要求我用一个新的名字建立一个旧的机构。他们想要更具有建设性的东西：他们既不安于现状又有兴趣看到一个新的机构可以展现出来的风貌的想法。可以说正是文化部促使我们找到新的道路。

GARLIC:

就在实际合并和研究所更名为 HNi 之后,你被要求在 2013 年创建一个新的研究所。当你第一次作为这个新想法的领导者来工作时,有很多事情要解决。在这个过程中,促使这个激进改革最困难的部分是什么,您是如何克服困难的?

古斯·贝默:

最开始我一直寻找某些政府成员要进行这种强制合并的原因。首先,关乎机会主义。他们只是想要节省预算。我们也都理解这一点。其次,另一件事就比较复杂了。荷兰的文化基础设施仍然是由公共资助的,但即使在这个新自由主义的时代,政治家也需要一种意识形态用以支持公开资助的东西。然而确切地说,这种意识形态在很大程度上仍然是按照 20 世纪 60、70 和 80 年代的思路组织的。但我们都生活在一个新的世纪。例如,对于质量的关注已经成为问题。这一代的政治家需要另一种类型的意识形态,以使文化的结构性资助合法化。而在那个特定的时刻,所有这些都是关于理查德·佛罗里达(Richard Florida)的创意产业的书籍。可以说有一种词汇占主导地位并且它赋予了文化以经济质量和足够的诱惑力。 我认为这些书与其说是一种突破,不如说是 20 世纪故事的延续。它围绕着现代性展开。而在这本书的中间,有一个"创新"的概念。这是一个关键词,它正好给了我们一个基础,我们可以建立一个新的文化意识形态和 HNi 的特殊野心。 所以我分析得出:也许他们想要一个新的机构,也许他们想要一个更多学科的视角,但这并不意味着任何全新的东西。对我来说,内阁实际上想延续 20 世纪的基础故事,即关于工业化和创新的故事。然而,对于我们来说,我们需要的是对一个老故事的全新转折,故事的创新是一个讲述"冲突"(conflict)的篇章。它是一个关于人民、经济、生态等之间大规模冲突的故事。因此,这就是为什么我提议设立这个关于冲突的新研究所,因为这是我们从未讨论过的低层故事,它与创新的想法有着根本的联系。而这可以提供一个新的转折点。可悲的是,我们倾向于使冲突变得消隐。事实上,作为建筑师和设计师,我们的任务是让它变得不可见。因为一般来说,设计的作用就是要乐观,要相信明天的潜力。为了完成这个故事,这个提议被接受了：一个揭示了创新概念背后的内在冲突的研究所诞生了。设计、建筑和数字文化不仅是这一冲突的一部分，而且还可以作为一种观察的工具，通过这些工具我们可以将创新和内在的冲突可视化并揭示出来。

回答上面的问题，我最初的反应是试图理解这种强制合并背后可能的野心，并为内部团队和政府提供可能的理解和回应。说实话，这消除了内部存在的大部分可能的怨恨。

GARLIC：

所以冲突这个词是核心。对您来说，这和您对展览的想法一样吗？它不是关于物体，而是关于提出问题。

古斯·贝默：

是的，您可能是对的。我从未见过这种类比。我们必须专注于创新，而研究所不能简单地跟随市场。虽然市场提供了一种创新的思路，但这种创新大多会对现状有一个重新分析和确认。而目前社会所迫切需要的不仅是一种简单的舒适感，而更是关注到建筑、数字文化和设计的发展潜力——这也是我们对其深深着迷的原因。可见性（visibility）和不可见性（invisibility）的概念是我们研究的核心，因为我们认为这两个词是政治和设计之间关系的直接结果。这些概念也可以从家庭领域扩展到全球景观，从物质被提取的方式到从材料到物体的无尽转变。这给了我们一个研究计划的大纲——一个研究所应该有自己的权威，这可以通过从批判的立场考虑创新来实现。保持质疑的能力，正如您所提出的。

图 4　展览"新房子"（Neuhaus），2019 年

GARLIC：

您能给我们阐述一个具体的、已经创建或在您的掌控之下的展览吗？可以详细说明他们是如何综合运用跨学科的方法，并引发专业领域相关人员和普通观众深思的？

古斯·贝默：

我做的很多展览在开幕时从未被媒体认为是非常有趣的，但同时又在很长一段时间内产生了共鸣。这可能与对此时此地的不同看法有关。当我们的展览专注于专业领域时，大多数媒体需要对更多普通观众的利益进行平衡。因此，我们开始尝试一些有效的实验方式，例如，把对物体和作者的典型性颂扬转变为对物体发展的物质条件更具批判性的观察视角。这个系列的第一个展览是丹·汉德尔（Dan Handel）的 WOOD。这个展览已经被视作众多展览机构的鼻祖。

我们的研究部门认为材料的概念过于功能化，最近将视角转移到了物质的概念上。这个系列的第一个展览也相当有趣，叫作"锂"。一个简短的概述：每个人都相信能源转型的必要性，因此目前强调的是"绿色"电力。然而，电力背后的一个真正问题是电池的必要性，因为电池意味着锂，而锂可以从中国和南美的土壤中提取。但在电池必要性的背后依然存在着需水量的必要性——这也是往往为人所忽略的，因为只有在非常困难的条件下，需水量这一问题才会变得为人所重视。因此，通过关注物质条件，然后将其与当前的能源转型需求联系起来，我们可以想出一个锂的展览，我认为这些类型的展览会产生共鸣，特别是在设计领域，因为设计师会突然意识到他们必须在其中运作的政治条件。特别是在荷兰，您可以看到很多设计师开始对开发材料感兴趣，而不是开发产品。我很难说 HNi 对这种变化有什么影响，但它向我展示了代表性问题是多么重要。但由此我确实想提到一个展览，它代表着真正的根本问题：支持对城市和景观的不同看法。它被称为"可食用的城市"（Edible City，2007年），这是我在马斯特里赫特的荷兰建筑研究所的一个附属机构开设的第一个展览。它展示了我们目前称之为城市农业景观中所存在的自上而下和自下而上的举措，但当我们揭示这个标题时，当时的人们以为我们会展示杏仁糖的拼贴画。那个由德布拉·所罗门（Debra Solomon）和汉斯·伊贝林斯（Hans Ibelings）策划的展览直到今天还在人群中产生共鸣。

GARLIC：
这个关于材料的展览的名称是什么？

古斯·贝默：

这是一个完整的系列，他们都有一个非常通用的标题，如木头、塑料、玻璃，最新的一个叫"锂"。对于更多的观众来说，最能引起共鸣的是：我们没有赞颂某个特定的明星设计师，而是通过我们的展览，以一个新机构可能是什么的临时装置，来塑造以及改变自己。例如，一个时尚博物馆、一个临时学校或一个新型的档案馆。

图 5　展览"专题档案设计"（Specalutive Design Archive），2019 年

GARLIC：

这确实是将我们的重点从设计师转向观众的要点。所以所有主题，如材料等展览，都与您为 HNi 建立的研究中心有关？

古斯·贝默：

是的，如果我们有创新性的任务，我们就必须引入研究这一手段，因为创新是关于尚不存在的事物。因此，作为一个致力于创新和冲突的机构，我们不能只是等着设计师提出一个可能的观点。我们必须自己创新，而唯有引入研究我们才能做到这一点。由于荷兰政府提供的可能性，在 20 世纪的 80 年代和 90 年代，有很多关于展示和国际化的重点，这成功地创造了荷兰设计和荷兰建筑的概念。然而，在 20 世纪 90 年代起作用的内容，在今天这个时代已经不再可行。为了摆脱这种策略，我们必须引入那些往往被结构性忽略的研究并提出问题。当然，也要认识到创新背后的内在冲突。我们非常幸运地拥有了第一位研究主任玛丽娜·奥特罗（Marina Otero），虽然她是一位建筑师，从根本上扎于建筑，但她对整个设计领域的扩展观点为该领域开辟了新的领域。

GARLIC:
在研究中有什么有趣的问题，您可以举一些例子吗？

古斯·贝默：

当然有。得益于从材料到物质的过渡研究基本完成。像罗西·布雷多蒂（Rosi Braidotti）这样的思想家和研究员的涌现，我们对"超越人类"的生态学的想法变得更加警觉。而这种"超越人类"对于一般的设计来说意味着什么？设计一直被嵌入到人文价值中，现在我们发现我们应该把人类的形象从等式中拿出来，同时也理解这个形象只代表白人男性的利益。

总的来说，HNi 的设计兴趣已经从美学或原型转移到了身份和表征的概念上，而且更加强烈。我们现在生活在一个时代——尽管猖獗的个人主义是西方政治和资本主义制度所固有的——对于文化来说，重点在于批判性思维，特别是与结构，最好是权力结构有关的批判性思维。我对早期十年的印象是，作为一种回应，更新的"弗洛伊德－马克思主义时期"可能正在到来。我很好奇像是心理学的元素是否会被添加到我们可以认为是"当代"的东西中。

图 6　临时时尚博物馆，2015 年

GARLIC:

您最近是否有计划再做一次展览呢？

古斯·贝默：

目前，该研究所具有一定的稳定性，更加扎根于国家和国际框架内。在开始时，我们必须建立必要的权威。不是每个人都认为这个领域需要一个多学科的研究所。但现在我们处于更温和的领域，我们不只对内容感兴趣，也对呈现这个内容的容器建筑有深入探索的想法。我们曾得到了一个90年代的建筑作为展览对象。90年代是一个对耐久性问题远不敏感的时期。我们作为一个团队也正在思索如何解决这些问题，但我们不能只是想着解决这些问题，相反我们的思考过程应当把我们自己代入成这些问题的一部分。例如，如何处理展览：尽管我们竭尽全力，但它仍然是废物的制造者。我们是否能找到其他形式的互动和更持久的可见性，这些类型的问题可能是最基本的。在我退休之后，对研究所来说仍长久存在。最重要的是，作为设计师，我们必须考虑到我们的环境不是围绕着人类而组织的。我们必须接受"后人类"（Post Human）或"超越人类"（More then Human）的现实。

GARLIC:

我相当同意您的想法，不是以人类为中心，而是以自然为中心的思维模式。这也是我现在正在做的危机与生态设计的新方向，它更多讨论的是一种关系，一种所有地球人在地球上的相互联系，但不只是专注于以人类为中心的东西设计。

古斯·贝默：

是的，研究所刚刚启程，现在我们正在开发一个名为Zoop的项目。荷兰是一个非常理性和完全的工业社会。所有的一切，甚至国家本身，都是由我们自己为自己创造的。因此，该研究所首先将目光投向了新西兰和南美，那里似乎对祖先的知识有更深层次的认知和更好的接纳程度。在这个语境下，设计正在走出它的西欧以及工业框架，塑造了一种人类学的精明（astuteness）。我们发现在新西兰，一座山被保护起来是因为这座山本身就是祖先的象征。这种想法在中国可能比在荷兰更容易被接受和了解。所以我们在想,我们怎样才能给自然或地球一个发声的机会?如何让它以这样一种特定的方式说话,即使经过十年的持久性与生态的共处和妥协,我们仍然在走向全球化和生态灾难?换句话说,在一个纯理性的背景下,如何才能让大自然有一个合法的声音,并能够说出自己的想法。这就是我们的一位研究人员开始一个项目的背景,他把这个项目称为 zωα,这个词在希腊语中代表生命。关于"后人类"(Post Human)或"超越人类"(More then Human)的观点,现在将被转化为一种法律结构,通过这种结构,我们可以给大自然一个处理问题的合理位置。

图 7　展览"木材"(WOOD),2014 年

GARLIC:
在第四次工业革命时代，我们的环境中包含有大量技术性的媒介，比如数字媒介。那么，您将如何定义人类、物理和数字环境以及自然之间的关系？

古斯·贝默：

在这个问题上，我不是最专业的人。但对于HNi来说，重新思考我们对生态的看法具有非常基础性的作用，一件显而易见的事实：各种形式的人工智能与微生物一样，都是我们生态的一部分。事实上，我们完全被这种"超越人类"（More than Human）的生态所包围。但奇怪的是，如果我们谈论生态学，我们似乎仍然把生态学说成是纯粹的"自然"。

GARLIC:
最后用关于荷兰设计的话题来结束：您似乎有一种批评的立场。荷兰设计的作用是什么，在国际上的地位是什么？荷兰设计在世界范围内是否仍有一个特定的角色？

古斯·贝默：

你在给我写信时已经提到了这个问题，并说我代表了设计领域中从品牌设计到叙述手法设计的转变。我愿意将其视作一种赞美。有趣的是，我看到品牌成为设计的一部分，当然也包括荷兰设计。然而，"荷兰设计"的概念来自于那些想利用楚格设计（Droog Design）[2]的媒体成功的人。然而，楚格设计背后的人却坚决反对荷兰设计这个概念。雷尼·拉梅克（Renny Ramakers）和吉斯·贝克尔（Gijs Bakker），他们虽然并不反对品牌建设，但荷兰设计的概念对他们来说远远不够吸引人。事实上，他们认识到全世界都有一种相似的精神，基于这样的考虑他们批评了"荷兰人"（Dutchness）的想法。可悲的是，这种趋势和想法无法被阻止。在那些日子里，斯堪的纳维亚设计、日本设计或意大利设计的理念仍然非常流行。

这种品牌全球化成功的一个影响是，荷兰的艺术学院和设计学校变得非常受欢迎，并且仍然充斥着来自荷兰以外的申请人。特别是埃因霍芬设计学院（the Design Academy in Eindhoven）更是从这种特殊的品牌推广活动中大受裨益。于是这样的想法就诞生了：荷兰设计可以被学习，而且最好的是在埃因霍芬。你的问题对我来说很有意思，因为你想知道在荷兰的设计中是否仍有一些独特的元素可以让其被称为专属于荷兰的设计。我想说这是存在的，尽管鲜有人认同。这种特殊性当然与荷兰学院所能提供的环境有关。可以说批判性思维仍然是非常重要的，而其他环境中的设计是纯粹的解决方案驱动。在荷兰，具有解构和重构任何任务的能力依旧是一件值得被赞美的事。不要忘了，荷兰与意大利那种制造工业的模式不同，荷兰所有的设计都是关于原型的，无论何时这种关于原型的设计都难以从想法被转化为真正的产品。这种缺失，由于不合时宜的金融体系，产生了一些有趣的后果：有可能也是由于中央政府的财政和道义上的支持，开启一个非市场导向的设计潜力。在20世纪80年代和90年代，它导致了荷兰设计——一种专注于交流的原型文化，慢慢地成为专注于一次性产品的画廊巡回展的一部分，现在荷兰的设计已经变得更加以研究为导向，您可以看到对研究工具作为设计的新强调。我觉得这种发展非常有趣，甚至做了一个关于它的展览。从产品和原型到实践探索（作为许多关键设计项目的当前结果）。

可以说，你是对的，这种从原型到实践探索的趋势在荷兰也许被加强了，但不能被看作纯粹的荷兰属性。你的实践，对我来说是以探究为导向的。这种研究驱动的实践似乎导致了新的、更全面、去个人化的网络，它也不像荷兰设计的全盛时期那样以设计师为基础。由于这些网络，我们终于可以抛开民族国家的想法，拥抱你的全球主义的想法，即多样性。

02
坎迪斯·达蒙专访

图 1 坎迪斯·达蒙教授

坎迪斯·达蒙（Candace Damon），房地产经济咨询公司 HR&A 副主席，宾夕法尼亚大学设计学院城市设计实践课教授。其研究领域包括：城市公共空间的发展和长期可行性；激发城市振兴的总体规划、商业和住宅节能改造的融资策略等。

她在长达 30 年的时间里致力于制定北美可持续的城市重建战略，期间最为突出的成就包括策划高线公园的开发和运营、制定布鲁克林大桥公园的发展策略、特拉华河滨 Penn's Landing 复兴计划的分期发展计划，以及新奥尔良策划城市发展的弹性策略。

采访时间：2016 年 05 月 31 日
采访地点：纽约 HR&A 办公室

GARLIC:
很高兴您能和 GARLIC 分享观点，请您向 GARLIC 的观众简要介绍一下自己。

坎迪斯·达蒙：

我是坎迪斯·达蒙，是 HR&A 的副主席，今天能和你们 GARLIC 的人在一起真是太好了。

GARLIC:
您获得了安默斯特学院（Amherst College）的文学学士学位和哈佛大学法学院的博士学位，毕业之后的近 30 年来一直在为城市可持续再建设战略提供缜密的经济策略和可行性分析。您认为在学校所学到的知识如何运用于你的实践？

坎迪斯·达蒙：

这个周末是我大学毕业 35 周年纪念日，我参加的一个座谈小组会讨论的正是这个问题。召集小组会议的这位先生在对"文科教育在很大程度上对你的职业有帮助"这个议题很感兴趣。我的小组成员中有一位曾是海军飞行员的女士，后来决定做一位全职妈妈；还有一位进入投资银行的男士，后来投资了滑雪胜地，并执教了两支职业足球队。相比之下我的职业显得更加传统。但我认为我们所有人都坚信：安默斯特学院和哈佛大学这样的学校所做的是教你如何思考。所以与其说我在那里学到了实操的内容，不如说我最大的收获一直是独特的思考方式。

我有必要说说我是如何一路走到这里的：当我还在安默斯特学院读书的时候，我在学校的职业咨询办公室找到了暑期实习，为当时的哈特福德（Hartford）城市主管经理约翰·阿尔舒勒（John Alschuler）工作。那时正值美国城市经济复苏的初期，在那之前的几十年，对美国城市的投资一直在减少。我们尝试研究了与此相关的一系列问题——包括我们能以何种方式把保险业留在哈特福德，以及思考当时存在的忧虑：富人搬回城市的趋势导致市场中一部分低收入出租屋被公寓楼取代，那么低收入人群该何去何从？

暑假结束时，我回到了安默斯特学院完成一篇高级论文。我迫切地希望写下这段经历，但我担心安默斯特学院会拒绝这样一个以实践和非学术为基础的论文题目。然而事实上，两位平时就很喜欢我的教授说，"不，不要这么想，如果这是你想做的事，你就应该坚定地朝着这个方向走。"他们帮助我找到了合适的教授指导我。于是我写了哈特福德，写了如何对城市的再投资，写了这位年轻的城市经理如何与保险业合作并创建了第一批公共和私人城市伙伴关系，以及哈特福德如何因此受益。

从安默斯特学院毕业后，我去了纽约的O&B工作，并且决定要去读研究生，幸运的是我申请并被哈佛大学法学院录取，这对我而言真是一个巨大的惊喜！从哈佛毕业之后，我去了一家律师事务所工作，在那里我从事公共和私人房地产开发，也正是从那时起我发现了自己开始厌倦了做律师。巧的是我暑期实习时的老板约翰·阿尔舒勒（John Alschuler）在纽约市创办了一家房地产和经济发展咨询公司的办事处，最后他给我提供了一份工作。到目前为止我在这里已经工作了25年多。值得一提的是，他也曾在一所与安默斯特非常相似的学校上学——卫斯理学院（Wesleyan University）。

因此，我想我对于这个问题的答案是：目前我日常所需要用到的知识只有很少一部分来自当年在安默斯特学院和哈佛大学的所学。但这样的地方令我终身受益，它为我带来了一群值得结交一生的挚友，让我对我所热爱的事情始终保持好奇与热情，并为我提供资源让其得以继续探索这些领域。这些就是我在安默斯特学院和哈佛大学最大的收获。

图 2　布鲁克林大桥公园

GARLIC:
您的团队在美国的设计和规划项目中的主要角色是什么？您的团队是如何与设计公司、政府和社区合作的？

坎迪斯·达蒙：

这个问题的答案取决于项目。在具有挑战性的大项目上，需要与更加多样化的人一起工作。例如，我正在做两个主要的土地交易，一个在丹佛（Denver），另一个在纽约的皇后区（Queens），就是长岛城市滨水公园（Long Island City Waterfront）。在这两个案例中，我们的客户是土地所有者。他们不是开发商，因此他们没有自己的员工，我们需要从头开始建立他们的团队。这两个土地所有者都足够清晰地知道，如果他们只是出售土地，并找到合理的分区方案，组建团队，找到合适的建设商，相比较他们去投资和管理土地，甚至在售卖这些土地之前把基础设施建设好这样的情况来说，他们赚到的钱会少很多。因此他们需要找一个团队帮他们实现这种土地的增值，使之比未开发的土地具有更大的价值。

在此情况下，我们团队的职责是帮助业主组建团队，找到合适的其他领域的专家，有效进行团队管理，并进行一些经济数据的分析来满足业主的需求。因此像高线公园这样的项目，要求工程师想清楚需要什么类型的基础设施，数量多少，开销多少，以及进行什么样的环境修复工程。我们需要建筑师及规划师对这个区域进行总体规划，并对建筑高度和容积进行初步估算，因为这些将是我们在分区方案中希望获得授权的部分。同时我们需要土地使用律师帮助考虑土地权益问题，房地产律师与我们将要出售土地的人进行交易。然后基于项目的专业顾问（比如该地区可能会有对学校是否超载的担忧），与一些专业顾问进行合作，以解决这方面存在的问题。很多时候我们必须考虑到如何解决交通拥堵和交通限制的问题，因此多数情况下与交通和运输工程师合作。

图 3　布鲁克林大桥公园

总而言之，我们需要建立一个团队来满足业主的需求，然后实际做的是将所有的环节串联、整合起来，并进行数据分析，比如土地所有者在进行了所有这些投资后期待获得的土地价值是多少，以及如何制定合约来保证他们在交易中获得理想的收入。

GARLIC:

高线公园是纽约市一个非常成功的城市重建项目。您的公司 HR&A 展示了将纽约市的一条废弃的高架铁路改造成一个充满活力的公共公园的经济理由。您是如何讲述这个故事以说服公众接受这样一个充满野心的项目的呢?

坎迪斯·达蒙:

我们的客户是两位市民企业家。他们在一次公开会议上与当时的市长鲁迪·朱利安尼（Rudy Giuliani）的工作人员会面。当时市长的想法是把高线拆掉，以此创造可开发的土地面积。然而这两位市民企业家都有小时候在高线上的杂草中玩耍的经历。他们都希望能保留这个高架铁路，并将其改造成一个公园。当时他们在会上聊起了这个构想——"你相信他们会同意这样做吗，因为如果能成功，这会是一件很有意思的事情。"于是他们在离开会议之后继续喝酒讨论应该如何倡导这件事。

他们的构想最终引起了一个名为"设计信托"（Design Trust）的非营利组织的兴趣。设计信托基金为社区规划项目提供小额资助。于是这两个人得到了足够的钱去启动这个项目。他们用这些钱在 2001 年的选举中游说所有的市长候选人，成功地让所有的候选人说，如果当选，他们将支持把高铁线改成公园。最终迈克尔·布隆伯格当选，迈克尔正是他们的资助人之一。然而就在他当选的时候，刚好发生了"9·11"事件。于是两人到他面前让他应允承诺的时候，他回答："现在有太多事情要比建这个公园更加重要。我们的经济正在衰退，现在又发生了'9·11'事件……"的确，当时所有人都因"9·11"而感到悲伤和低落。无奈之下，他们只好向我们求助："在目前经济衰退的状态以及'9·11'事件刚刚发生的阵痛下，你们能够怎样说服布隆伯格市长，让他认为这是很值得做的事情？"

我们向市长展示的是，如果把高线公园上的潜在开发价值转移到邻近的街区，你可以创造非凡的房地产价值，这将超过你在高线的原本占据的土地面积中所能创造的。而且建设这个公园也为建立很多好的社区提供了机遇，这在我们急需一些美好事物来填充的当前尤为重要。当然，市长在竞选时曾说过他赞成建公园，我想他可能也希望自己被说服。

但市长最想要我们证明的是，我们创造的房地产价值将比建造公园的成本或者是仅仅讲它拆除所收获的价值要更多。于是我们做了初步的经济影响分析，并给出了建议："建立一个分区制度，将开发权从高线的路径转移到邻近的街区。这样做，我们创造的价值总量是这么多；我们建造高线所需要的成本是这么多，很明显前者要远大于后者。"于是市长投资了一部分资金，然后要求项目的倡导者拿出一个运营计划，这样市政府就不会为公园的运营资金负责。

接下来公园的倡导者聘请我们举办一个设计竞赛，最终詹姆斯·科纳（James Corner）的场地实业（Field Operations）和迪勒·斯库菲迪奥＋伦弗罗公司（Diller Scofidio+Renfro）被委以设计整个公园。那次设计竞赛和设计竞赛中迸发出的想法使人们都期待这个公园最终建成的样子。两位倡导者还聘请了乔尔·斯坦菲尔德（Joel Sternfeld）这位伟大的摄影师来记录高线公园改造前的场地照片，以及设计过程图纸，让人们对这个地方的非凡潜力怀有期待和热情。然后我们与公园部门（Park Department）达成了一个协议：允许这个私营非营利机构经营这个公共公园的项目，也就是说对高线公园执行公园部门的法规条例，同时用一种公园部门无法实现的方式筹集资金。因此，现在已经有很多富人对这个公园的想法感兴趣，你可以让他们写支票支持公园的建设。在一个被视为公共公园的地方，这样的举措也能筹集到私人资金。

之后，当政府官员和开发商质疑是否需要建造高线的最后阶段时，我们被要求重新审查所提供的经济影响的数字，并确定在多大程度上可以实际创造我们预测的价值。我们表明，数字是非常保守的，

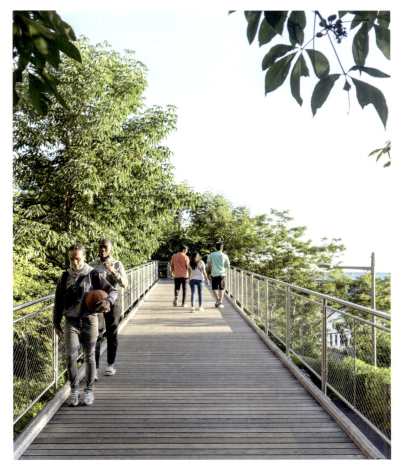

图 4　布鲁克林大桥公园

已经创造的价值远远超过了最初的估计。如你所知,高线的最后一期被授权建造。

因此,我们既证明了这是一个很好的金融投资,同时也证明了它是美丽和鼓舞人心的,是这个城市从未见过的、与众不同的景致。纽约是一个喜欢公园、认为自己非常伟大的城市。因此，只要你能告诉纽约人，这将会是一个伟大的新事物，或者是伟大事业的一个环节，因为纽约人是"伟大的"，那么这对成功的宣传一定有很大帮助。

在其他的城市则可能要用另一种方式来讲这个故事——你可能需要非常谨慎地阐述投资的回报，例如讲述一个关于雨洪管理的故事。但是在纽约，这个故事一定要去迎合他们的自我意识。这是我的感受，这一招屡试不爽，并且市长通常都会想去这么干。

GARLIC: 布鲁克林大桥公园是纽约的另一个项目，涉及复杂的公共和私人伙伴关系。你能谈谈在这个美妙的项目中，公共和私人资金策略之间的区别吗？

坎迪斯·达蒙：

我们在纽约发展的是一种对新型公共开放空间的思考方式，坦白来说这在纽约确实是独一无二的。这个想法是由政府支付设计和建造公园的费用，然后由主张建公园的市民和社区设法筹集长期的营运资金。我们的公司已经展示出，在公园建成的初期，也就是前30年左右，它的运营成本与它的建设成本一样多。因此，政府通过投入资金让这个项目得以启动，剩下的就交给市民企业家自己去解决，他们必须自己找到运营资金。有时这很有效，有时则不然。因此在高线公园，就有为慈善家设置的捐赠渠道，大量的营运资金都来自慈善活动，也就是富人的支票；还有一小部分来自活动计划的创收，因为很多公司都希望在高线公园做电影拍摄之类的事情。

而提到布鲁克林大桥公园，公园的倡导者建议将本应是公园的一部分土地留作私人房地产开发。我们和设计师促成了与社区的对话，讨论涉及将被使用的土地面积和用途。最终确定我们需要做的就是在这片尽可能小的土地上做最奢华的开发，这样你就使大部分公园土地得以保留下来。我们帮助社区做了财务分析，最后在政府和社区之间达成了一个协议——用作私人开发的土地永远不超过20%，剩下的至少80%用作公园绿地。而结果表明，由于纽约经济实力的提升，导致布鲁克林区各方面的改善，以后会更接近于90%的公园绿地和10%的私人开发的分配比例。为了实现这一目标，我们也开发了一些高端住宅小区。你可能会说这并不是你想要的，但是这样意味着你赚不到那么多钱，也意味着你只能获得更少的绿地和谈判余地。有多少土地用于开发，有多少土地用于公园绿地，为什么以及在哪里，促进关于这种权衡的对话使我们的工作很有意义。

因此，相较而言，在曼哈顿的哈得孙河公园，同样是纽约市的模式，政府支付资本，市民必须搞清楚运营结构并自己提出运营管理模式。这个公园再次以布鲁克林大桥的模式建立，也就是由在场地上进行开发的房地产开发商支付它的费用。然而根据法律条例规定，

图 5　高线公园

允许哈得孙河公园运营的立法的政府人员坚持只允许某些类型的房地产开发,高端住宅是不可能的。因此,哈得孙河公园一直在努力寻找足够的资金来支付它想成为的东西。我认为这就是你想去那里的原因,但它总体上是一个巨大的绿色自行车道,远远没有达到迈克尔·范瓦尔肯伯格在布鲁克林大桥公园所取得的雄心壮志的水平,因为它没有获得相同的运营资金来源。

GARLIC:

除了经营自己的办公室,您还在宾夕法尼亚大学从事教学工作。您这学期在宾夕法尼亚大学设计学院讲授了一门精彩的课,叫作城市设计执行(Urban Design Implementation)。对我来说,宾夕法尼亚大学的学生接受教育,知道如何做出漂亮的设计,拥有大胆的想法以及有趣的叙述。因为他们中的很大一部分人并没有对项目的可行性给予同等的关注。在课上您让学生知道,从经济和市场角度了解一个项目在财务上是否可行十分重要。那么是否可以请您说一下,为什么您认为对设计师来说,了解金融、市场和商业也很重要?

坎迪斯·达蒙:

因为我认为你希望最终能落成自己的设计。当然,有些设计师并不关心这些,他们把整个职业生涯都浪费在画图上,在形式上找到乐趣,对纯粹形式的操作和形式的实验感兴趣。然而我不希望这样。如果我像你一样有设计天赋,我就会把设计做出来。而建造你的设计意味着你必须了解谁会为此买单,这些设计是否具有市场可行性,因此私人开发商会为它们买单;或者它们是否吸引了公众人物的雄心,因此政府将为其出资;或者他们会为一些富人赢得名声,因此慈善家将为其支付费用。总而言之,总得有人为它买单。所以,理解设计如何激发投资并支持投资——在我看来,这应当是设计师应该熟悉的事情。

从一个真正的实践角度来说,我认为最好的设计师是那些既能用非凡的设计质量激励你,又能理解如何做出高效的平面布局的人。例如在这么大的空间里能挤得下多少居住单元,但同时又能保证良好的生活环境。因为,单位的数量乘以单位的质量就是开发商要得到的报酬,这也正是设计师得到报酬的关键。所以我的答案是,我希望你能建成你的设计。

GARLIC:

从您 30 年的顾问工作经验中，请告诉我们一两件您认为对学生上学时有帮助的事情。

坎迪斯·达蒙：

在某些方面，我认为最重要的事情是选择与你一起工作的人。我认为当下年轻人有一种选择工作的倾向，部分年轻人会说：这是一个非常令人兴奋的挑战，因此这就是我要做的。但有时一个真正令人兴奋的挑战，却有一个糟糕的，吝啬于指导你的老板，那么不论有多大的挑战性，它都不是一份好工作。因此，当人们在这份工作和那份工作之间进行选择时，我要告诉他们的首要事项就是：选择你想为之工作的人。我认为这一点非常重要。在你的职业生涯中，与你共事的人、向你学习的人以及管理你的人比其他任何东西都更有意义。

我认为第二件事是，你应该做让你快乐以及你所热衷的事。我认为，无论你是留在国外还是回国，都会从事非常辛苦的工作。正在成长起来的这一代人，也就是你们这一代人，正在被委以重任。除非你热爱你的工作，否则拼命努力地工作是没有意义的。因此，你的激情在哪里，你就往哪里走，无论它将把你带到何方。

我想第三件事是，你需要找到你可以不断学习新事物的地方。这个世界永远都有更多的有趣的东西等着你去学习，你永远不会知道它在何时何地等着你，但是我认为保持一个开放的心态继续学习，会让你成为更好的设计师和更快乐的人。

03

戴维·古弗尼尔专访

图 1　戴维·古弗尼尔

戴维·古弗尼尔（David Gouverneur）在哈佛大学获得城市设计硕士学位（1980年），于委内瑞拉加拉加斯的西蒙·玻利瓦尔大学获得建筑学学士学位（1977年）。曾任西蒙·玻利瓦尔大学建筑学院系主任（1987—1991），建筑系和城市与区域规划系的教授（1980—2008）。1991年至1994年任委内瑞拉城市发展局局长，1995年至1996年任委内瑞拉城市发展的兼职秘书。他是委内瑞拉加拉加斯大都会大学城市设计课程的共同创始人和教授以及市长城市设计研究所的所长，两者都在哈佛大学的支持下创建（1996—2008）。自2002年以来，他一直在宾夕法尼亚大学任教——2002年至2010年在景观建筑系担任客座讲师，2009年至2010年在城市与区域规划系任教，并在2010年及之后任景观建筑系的副教授，2012年后成为该系的实践教授。

他的专业实践侧重于历史街区的城市规划和项目，例如受特殊自然事件影响的地区的恢复、新的中心区和混合使用区、改善现有的非正式居住区等，为新出现的非正式居住区、旅游/娱乐区和文化景观的恢复做出了前瞻性规划。这些想法集中体现在他最近的出版物《新非正规居住区的规划和设计：塑造自我构建的城市》（*Planning and design for New Informal Settlements: Shaping the Self-constructed city*）中。

采访时间：2016年05月26日
采访地点：宾夕法尼亚大学校园

图 2　宾夕法尼亚大学，下托阿，波多黎各工作室，2022 年春季课程 / 导师：戴维·古弗尼尔和朱迪·维农斯基（Judy Venonsky）/ 项目：城市再生器，作者：Jerry Shang, Yani Liu, Wenjing Fang, Yihui Wang

GARLIC:
很高兴您能和 GARLIC 分享观点，请您向 GARLIC 的观众简要介绍一下自己。

戴维·古弗尼尔：

大家好，我是戴维·古弗尼尔。我是费城宾夕法尼亚大学景观设计学系的教授，很荣幸能和来自 GARLIC 的朋友们进行这次交流。

GARLIC:
您拥有哈佛大学的城市设计硕士学位以及委内瑞拉玻利瓦尔大学的建筑学学士学位，而现在您是宾夕法尼亚大学的景观设计系教授。请问您为什么要从建筑设计转向景观设计方向？景观设计对您意味着什么呢？

戴维·古弗尼尔：

这是个有趣的问题，让我回想起很久之前。早在 20 世纪 70 年代我刚开始在家乡委内瑞拉的加拉加斯进行为期 6 年的建筑项目学习，那是一个严格的 6 年制建筑项目。我们所有任教教授都是康奈尔大学的研究生，他们都曾是马里奥·罗曼纳奇（Mario Romañach）[3] 教授的学生。马里奥·罗曼纳奇是一位移居美国的杰出古巴建筑师，曾被邀请帮助改编康奈尔的课程，从而在委内瑞拉启动一个新的建筑项目。巧合的是，罗曼纳奇教授之后成为宾夕法尼亚大学受人爱戴的教授和建筑系主任。当然，当时我从未想过我最终会在宾夕法尼亚大学教书。

我的教授们对他们所做的事情很有激情。教师们对这个借鉴了北美体系的教学项目满怀激情，课堂上人满为患。他们会在周六和周日到工作室看看学生们的表现。而当时拉丁美洲的大多数公共建筑学校正处于动荡之中——大部分建筑研究很少强调设计，相反都聚焦于体块设计，更倾向于一些脱离场地的体块，如方盒子和长方体，漂浮在空间中的体块，而这些设计完全忽略了场地本身和文化的因素。我察觉到这当中有所缺失，但由于自身专业能力的欠缺，仍未能准确发现原因。我感觉这当中缺失了一些东西，但还不知道是什么；另一方面，他们一直在激起我对设计的热情和感受教育的力量。通过专业实践，我可以在像中国一样正在快速城市化和现代化的国家中有所作为。

完成第一年的学习后，我获得了去欧洲旅行的机会，主要去了意大利，法国南部，还有西班牙。我到过的城市包括佛罗伦萨、罗马、巴塞罗那、马德里、蒙彼利埃和马赛。其中对我影响最深刻的是公共开放空间的力量和它们的文化独特性。它们并不只是建筑，而更多的是探讨城市场景与公共空间如何使人们产生互动，如何衍生出具有地域性的场所感，以及文化是如何在这些神奇的地方蓬勃发展的。这些地方承载着历史，建筑来自于建筑工人、石匠和普通人，而非建筑师。这启发了我，我开始思考其他可能性，不再局限于项目设计。我回到祖国并向我的历史教授请教，将我从学校中习得的知识与后来体验到的事物建立了连接。

我们有探索自己兴趣的自由，在真正有兴趣并了解一个地方的领土、城市和文化的复杂性之前，是不可能做出好的建筑的。我尝试着将它贯彻我的一生，于是数十年后，我成为一名教师。

我从建筑学院毕业以后决定去哈佛大学学习城市设计。我可以和来自世界各地的学生一起探索，这是一个非常棒的项目，一次宝贵的机会。莫什·萨夫迪（Moshe Safdie）是当时的系主任，在他的带领下，这个项目很看重公共空间、文化的细微差别和实施。那时候没有互联网，没有苹果手机，但我在毕业典礼上收到了一封电报："戴维，我们相信你有一定的教学技能，希望你能回母校教书，因为我们相信你有一定的教学技能。"我很惊讶。那么我回去以后发生了什么呢？在其他同样从国外学习回来的同事的帮助下，我们在母校开始尝试将建筑地域化，强调建筑必须对场地和文化有所回应，特别是在一个有着丰富生态环境、多元文化和不平等的地区，这些地区正通过适应国外模式迅速实现现代化，而忽略了对其结果的校准。这就是我们在学术界的第一个 10 年中的主要贡献与专业实践。

31 岁时，我成为为期 5 年的建筑专业系主任。当我准备休假离开时，他们正在寻找一位在国内聚焦城市发展的主任。有人推荐我去应聘，这给了我改变艺术现状的机会。一开始我很犹豫，因为当时公职部门在国内声誉不是很好，效率低下，腐败严重。但他们给了我机会去改变艺术的现状，通过项目设计和教学去影响更多的人。在这 6 年中，我一直致力于将传统的定量和分区的城市规划过渡到定性、空间和参与式的城市设计中。我在工作时的经历还有：与一系列不同的专业背景人员打交道，避免国家曾经自上而下标准化的规划规范，认识到地方与社会行为的重要性。在这里最有价值的一点或许是：我能够推进第一个大规模的规划项目，以改善 50% 以上人口居住的非正式或自建的定居点（在东亚被称为"villages"或"kampongs"）。

随后我又回到了学术界。在哈佛大学设计研究生院（简称GSD）的支持下创建了一个城市设计项目，同时还有一个委内瑞拉版的市长城市设计研究所（Mayor's Institute in City Design）和一个城市设计中心，为私营和公共部门提供专业服务。在千禧年结束时，加拉加斯的海岸线被暴雨淹没，从阿维拉国家公园下来的正常小溪变成了厚厚的移动的岩石、树木和土壤，将城市系统夷为平地，造成超过35000人死亡。政府要求我们的城市设计中心在一年内，在当地和国际专家的支持下完成该地区的修复计划，同时参与疏散和重新安置计划，并为因该灾害而生活发生巨大变化的人们开展有非凡社会意义的活动。其成果被认为是该地区第一批绿色基础设施和生态城市规划。

后来我被邀请参加宾夕法尼亚大学景观城市学系的终期评图。安妮塔·贝里兹贝缇雅（Anita Berrizbeitia）教授也来自委内瑞拉，她在加拉加斯一个易受洪水影响的地方开设了工作室。我在终期评图期间的评论似乎引起了詹姆斯·科纳（James Corner）教授的兴趣，他邀请我在接下来的学期里在宾夕法尼亚大学开一个选修设计课。这是我与景观设计学20年关系的开始，与那些使我对该领域充满热情的教师和学生互动，将我过去在拉丁美洲的经验与能够解决当代紧迫环境问题的方法相结合，而这些问题在我40年前学习建筑和城市设计时并不在议程上。例如，气候变化、海平面上升、荒漠化、水资源管理、生物多样性的丧失、补救、农业用地的丧失和粮食短缺、移民的影响、日益严重的社会不平等和暴力、身份的丧失，只是一些在这个全球化并彼此连接的地球上的话题。因此，宾夕法尼亚大学进一步加强和丰富了我对城市、场地和文化的兴趣，欣赏景观构成塑造城市和社会表现的基本底层。并且景观设计的工具提供了令人信服的机会，使城市更加健康、富有成效、友好和美丽。

图 3 宾夕法尼亚大学,下托阿,波多黎各工作室,2022 年春季 / 导师:戴维·古弗尼尔和朱迪·维农斯基 / 项目:洪水控制和历史增值,作者:Minghao Zhao, Zihan Zuo

GARLIC:
您在宾夕法尼亚大学教"当代都市主义"的必修课有很多年了,您认为景观为城市变迁提供基础和框架。请问您对景观和生态主导的都市主义在发展中国家,尤其是中国的观点是什么?

戴维·古弗尼尔:

我的课程"当代都市主义"的名称在这些年里有过变化。最近它作为景观建筑系的一门必修课被取消了,开设在城市规划系,名称改为"案例研究与设计探索",但它对设计学院所有系的学生甚至其他学院的学生都开放。该课程为学生提供了欣赏来自全球大量城市和文化的机会,其方法不是以北美或欧洲为中心的,对发展中国家十分有意义。

但正如我前面提到的,这并不只发生在发展中国家。我们生活在一个全球化的社会中，政治、环境、经济力量以及学术和专业实践都相互影响。那么为什么它对发展中国家尤其重要呢？那是因为大部分的城市化进程在发展中国家展开，比如中国、东南亚、非洲、拉丁美洲等。最大的城市聚集现象已经在这些国家悄然出现。很多时候这些国家都在模仿适应工业化国家或更富裕或技术先进国家的设计模式，但这些模式并不符合他们的需求，或者会造成扭曲和负面影响。例如，据估计，在未来 20 年内，发展中国家将有超过 10 亿人自行建造他们的住宅和栖息地，然而已经生活在非正规住区也足有 10 亿人。正如我在这个课程中所论证的，传统的房地产驱动的规划和设计不仅不相关，而且阻碍了非正式城市发展，增强了社会排斥和环境压力。我还与我的学生分享案例研究，这些研究表明在拉丁美洲或非洲的不太富裕的社区开展的基于景观的创新项目是如何从根本上改善这些社区的生活条件的。我还要求他们通过快速、跨学科和有趣的设计练习来推测如何将这些方法应用于其他环境。例如，在最近的一堂课上，学生们发现，在哥伦比亚成功应用的想法和项目可以适用于改善中国村庄的生活条件，避免拆迁和社会侵蚀，它们的恢复可以造就双赢的局面，这些非正式村庄在经济上具有竞争力，可以获得最先进的技术，成为环境和中国丰富农业文化传统的管理者。这就像思想的交织过程，它可能起源于一个特定的地点和时间，如果智慧地加以调整，那么在其他地方也有适用性。

因此回到你的问题，景观设计必须在识别与每个环境相关的、有意义的、可行的解决方案方面发挥主导作用。在这门课程中，我还强调了快速反应的重要性，以应对发展中国家城市化和变化的速度，并避免当时被工业化国家作为灵丹妙药所采用的不可持续的做法。我对跨文化教育和跨文化专业实践有着浓厚的兴趣，这种复合的思维和实践可以引发对文化细微差别的认识，帮助理解他人的价值观，并产生更丰富的想法和城市生态。

图 4 宾夕法尼亚大学，下托阿，波多黎各工作室，2022 年春 / 导师：戴维·古弗尼尔和朱迪·维农斯基 / 项目：平衡的邻里关系和新的中心性，作者：Linda Ge, Ruoxin Jia, Yihan Huang, Zhimin Ma

GARLIC：
您的研究专注于贫民窟，这么多年的研究是如何影响您的思维方式和教学方法的？

戴维·古弗尼尔：

这是一个非常漂亮且复杂的问题，或许也和前面的相关。我在发展中国家的工作和研究让我明白非正式是城市化进程中的主导力量之一。非正式住区不仅是住宅 / 建筑，它们还代表了社区的努力。许多时候也是最有价值的经济资产、生活方式、文化的保存地、微观经济的中心，并且在空间上也具有一定的吸引力。因此，设计师、建筑师、景观设计师、工程师和政治家有责任欣赏这些力量与城市形式，并调整他们的设计和管理技能。在单靠他们自己能力无法实现的方面帮助这些社区，如提供公共空间、基础设施、社区服务、无障碍设施，以及在同一地区提供搬迁住房。只有当这些住房位于高风险地点，结构不稳定，才需要"雕刻空间"（carving space）来提供前面提到的改进。

此外，这些举措必须与社区密切合作，获得他们的信任，成为混合城市化进程的真正伙伴。我一直在强调混合生态理念。因为我认为当混合规划与未规划，形状上的预定义和设计上的有机与偶然性，或者预先定义了最初的设计和执行条件，同时允许转变与变化——这是景观建筑的固有条件之一，我们将得到一个更强更坚韧的系统。这就是我正尝试探索的领域，它不局限于我的研究和专业实践，还贯穿于我的教学中。

图5　宾夕法尼亚大学，厄瓜多尔基多工作室，2021年春季，ASLA城市设计荣誉奖 / 指导老师：戴维·古弗尼尔 / 项目：改造人民委员会（Comité del Pueblo），拉博卡 / 作者：Shiqi Ming, Siying Xu, Mingyang Sun

GARLIC:

规划学科更偏向于社会科学，融合了许多金融、经济、政策和管理的思想。城市设计则是关于设计文化的学科，着眼于创造美的东西，比如城市。您认为城市规划和城市设计是如何相互影响的？

戴维·古弗尼尔：

可能由于我自身的背景以及我从事的我们国家建筑和规划的本科教育，我认为这当中并无精确的界限，它们的领域是模糊的。规划师、城市设计师、建筑师、土木、交通或卫生工程师以及其他处理领土和城市环境的专业人员都应接触景观建筑的方法，并欣赏跨学科工作的附加价值。我们不能在孤岛上工作，也不能与人脱节，我们必须了解我们领域的长处，同时融合其他学科的强项，并以谦卑的方式行事。景观设计所涉及的多种规模和主题要求我们有能力寻求他人的专业知识，并在团队中协作。

GARLIC:

您对教学和研究始终满怀激情，这一点非常触动人。您在课堂上还和学生们保持着良好的互动交流。您是如何保持这份激情的？有什么诀窍可以分享吗？

戴维·古弗尼尔：

首先你只有对你喜欢的事情才会满怀激情。很明显，我喜欢城市的复杂性，并且我很享受教学的变革力量。一些教授经历过十几年的教学之后，他们会对教学感到厌倦，从而会转向研究和写作领域。但我坚持了下来并和学生保持联系。这意味着源源不断的新挑战、新课题、获得新方法并从中学习。教育的过程是双向的，你可以激励学生的工作，同时也可以从你的同事和学生身上学到东西。我认为这就是让我保持热情的原因。

我相信我的学生认可我工作室的另一个方面是，我们研究的国家与地点总是伴随着实地考察，并与当地大学、市政府和社区进行互动。实地考察前的研究，辅以现场理解、专家讲座、与当地学生的座谈，这使学生能够深入了解这些地方以及他们项目的充分性与相关性。这促进了这种特殊的接触，当然也刺激了学生的工作。经过40年的教学，我很幸运地在超过35个国家建立了一个巨大的支持网络，我还要求我的学生以每个人都能理解的方式介绍他们的想法和项目,无论是对同行和导师,还是在社区会议上对开发商或政治家。因此我们都使用同一种语言让人们都知道我们在谈论什么。因为有时在学术领域,我们经常会用一些术语去表达某一种东西,而这只能被同行理解。因此,请大家保持自信和真诚,我认为这很重要。听众可能对某个话题不了解,或者不同意你的观点。但他们会尽力去理解你的概念或者提出他们的建议和观点。我告诉我的学生,永远不要失去激情,要一直尝试用新的方法并在整个职业生涯中不断地成长、探索、学习和培养自己。

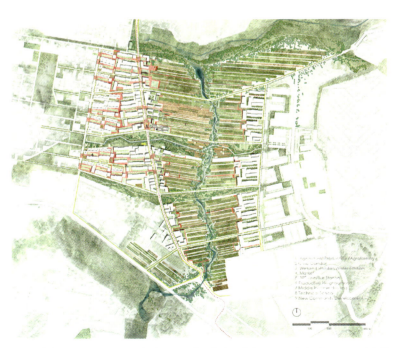

图6　宾夕法尼亚大学,比亚努埃瓦,危地马拉城工作室,2020年春季,ASLA城市设计荣誉奖 / 指导老师:戴维·古弗尼尔 / 项目:"生态邻里" / 作者:Zihan Wang, Xu Han

GARLIC:
您担任过很多角色，比如政府官员、咨询顾问、设计师、研究专家以及教授。您认为这些角色之间有什么区别？关于众多的角色，您对于青年设计师的职业规划有什么建议？

戴维·古弗尼尔：

大学为学生提供专业工具，最重要的是提供一种思维方式、道德框架、工作方法，以及处理各种情况的能力，提出相关问题，从而提出有意义的建议。我建议学生们去探索，走出自己的舒适区，承担风险，发现自己的热情所在，并寻找匹配自己志向的工作环境。有可能他们意识到自己所做的选择并不都是令人满意的，那就继续前进探索。他们必会发现他们所做的事情总是具有挑战性与满足感。

让我那些想为祖国的福祉作贡献的中国学生感到好奇和担忧的一个方面是，如何在非常不同的政治、管理、工作和文化条件下探索和应用他们在宾夕法尼亚大学所获得的方法和设计工具。一方面，我的工作室和理论 – 案例研究课程试图提供思维 – 工作框架，以适当地处理不同的情况。另一方面，我告诉他们要多才多艺，要有能力以观众/客户能够容易理解的方式来陈述事实、挑战和机会、引导性问题和建议。设计师应该成为有见识的促进者。此外，如果他们是聪明人，他们可以接近客户、决策者、办公室经理或同行，并与他们分享截然不同的可能性。一个好的设计师应该能够以谦逊的态度、领导力，充满活力地运作，展示他们的知识和对他们所相信的事物的关心，以及这些努力如何使他人受益。我们需要发展跨学科的技能，从而理解并思考别人的观点、其他人的技能，思考他们的期望。如果你能理解如何跨学科，那么你的作品将更强且更有说服力。

图 7　波多黎各，下托阿的专家研讨会

GARLIC：

您和宾夕法尼亚大学还有哈佛景观系的系主任都有很好的关系。您觉得理查德·韦勒和安妮塔最大的不同是什么？这将会怎样影响宾夕法尼亚大学和哈佛未来景观系的走向？

戴维·古弗尼尔：

安妮塔最初也来自委内瑞拉，她在去 GSD 之前是我在宾夕法尼亚大学的同事，我认识她已经有 20 多年了；理查德在宾夕法尼亚大学工作了大约 8 年。他们都主张景观设计学在解决全球范围内引人注目的环境与社会挑战方面发挥主导作用，并认为各个部门需要一个多样化的教师队伍来应对这些挑战，在全球和地方范围内皆有所作为。他们都专注于自己的领域并且在领导力、研究、写作和教学领域满怀热情。所以在这方面，我认为两位领袖是有相似之处的，尽管他们的风格与个人兴趣可能是不同的。安妮塔的学术和专业工作探讨了景观类型，并以高水平的审美和细节以及社会内容来管理景观场所的营造；理查德的作品倡导全球相互联系的问题，他的设计探索更加有思辨性或启发性。我将更多地关注是什么使我们的项目与众不同,以及我们可能前进的方向。

GSD有更大的国际学生群体,以及更多样化的教师队伍。许多客座讲师促使了许多新想法的碰撞,而且他们有一个强大的专业发展轨道,有一系列的景观建筑、城市和建筑项目。这为学生提供了更多的机会去选择教师的工作室类型和方法;而在宾夕法尼亚州立大学,景观设计专业的亚洲学生比例很高,教师队伍较小,客座讲师很少且每年都在减少。然而,宾夕法尼亚大学常设教师的探索主题非常多样化,在研究和宣传方面十分强大。他们致力于教育学,始终支持学生的智力成长和不同的兴趣,在教师和学生之间进行横向交流。

我在这两所学校及美国其他许多杰出的设计院校中看到了一个广泛的趋势——我们似乎已经进入了这样一个周期,某种程度的"酷"正在被探讨,而对设计为解决我们所倡导的课题所提供的贡献则不太被关注。环境挑战和社会、种族和性别议程应该成为我们工作密不可分的一部分,并且各个领域的领导者都应该为这些主题进行宣传,部署他们自己的技能和优势。但目前的问题是,叙事和研究议程许多时候是从互联网上下载的信息和数据,并由智能图形支持,妨碍了设计行动的部署,这些行动创造了能够将愿望转化为吸引人的场所,支持有意义的展示。

我现在是宾夕法尼亚大学景观建筑系最年长的教员。我以前的许多学生都有扎实的专业和学术轨迹,并且都在领导岗位上,他们常常致力成为最优秀的毕业生。我经常听到"发生了什么,为什么作品集越来越差?"这是一个问题。相比之下,中国的学校和拉美的学校都在关注如何快速应对猖獗的城市化带来的挑战。即使在欧洲,多年的人口增长停滞或下降导致了更多基于研究理论的轻触式设计方法,新的紧迫环境和社会挑战(如战争和移民)正使学校和设计师转向

图 8 案例研究和设计探索的最终展览

以空间为基础的过程与快速设计。我希望钟摆能摆回到叙述、应用研究和吸睛设计之间的平衡态上。

GARLIC:

许多年前,宾夕法尼亚大学景观系只有几个中国学生,但现在有几十个。很多中国学生来美国学习景观设计是因为大家逐渐懂得景观学科对中国和世界的重要性。请问您对未来来宾夕法尼亚大学学习景观设计的学生有什么建议吗?

戴维·古弗尼尔:

我在前一个问题中的评论也适用于这个问题。拥有设计方向的第一个专业学位的中国学生有一个良好的基础,他们有很强的设计和表现能力,习惯于工作室的形式,而且工作非常努力。我建议他们在不断增进自己设计技能的情况下学习宣传和研究的方法。对于他们来说,要大声说话,提出异议,提升话语权,提出他们自己的议程,这是北美和南美体系的一个优势。我还建议他们多与非中国学生互动,以团队形式工作,分享不同的观点、设计方法和文化价值。

在过去的五六年间,来自中国的学生更多致力于辩证性地理解我们对复杂问题的关注。他们非常担忧如何将这些植根于特殊文化土壤

图9 波多黎各,下托阿工作室的实地考察

的想法和来自全球各地的优秀想法在中国实践，从而作出重大的改变并了解到政治和经济条件的不同。因此我认为这些中国学生已经表现出一种辩证思维和领袖气质，这是我在15年前不曾看见的。努力理解政治角色是非常重要的，我知道他们有能力去做到这一点。有这样做的热情与责任，就应该努力提取并掌握信息，思考哪些所学所见能在自己的国家实践运用，使得人们能够听进去。这样不管在学术领域还是在社会的更大层面上，都会有更大的影响力。这就是我想说的。所以继续努力出好的作品吧。

04

尼尔·柯克伍德专访

图 1　尼尔·柯克伍德教授

尼尔·柯克伍德（Niall Kirkwood）是哈佛大学设计研究生院（GSD）的景观和科技教授，自1992年加入该院以来，一直在GSD授课并进行研究、出版和咨询工作。于英国接受专业的景观设计师和建筑师教育并获得执照，于美国任专业景观设计师。2003—2009年曾任GSD景观设计系的第十三任系主任。目前担任GSD学术事务副院长。

担任的其他学术职务包括清华大学特聘客座教授、北京大学土木工程与建筑学院（BUCEA）创始教授和景观设计院长，他同时是北京未来城市设计高级创新中心的学术顾问委员会成员。2017年秋季作为威廉·艾伦·尼尔森（William Allen Neilson）客座教授参与马萨诸塞州北安普敦的史密斯学院景观研究项目。

采访时间：2016年10月19日
采访地点：哈佛大学设计学院柯克伍德办公室

GARLIC:
请您做一个简短的自我介绍。

尼尔·柯克伍德：

大家好，我是尼尔·柯克伍德，是哈佛大学一名景观设计与科技教授，我已经在此任教 30 年了。

GARLIC:
作为一名景观设计师，谁对您的影响最大？哪一件设计作品在您的一生中改变了您的设计思维？

尼尔·柯克伍德：

要回答第一个问题：谁对我的影响最大。我想可能有两个人。一位是我在接触景观建筑之前所在的建筑学院的教授，另一位是一位景观设计师。第一位是特雷弗·达纳特（Trevor Dannatt）[4]。我的建筑学学位是在英国取得的，而达纳特正是当地一位颇具影响力的建筑师。他在方案的细节尺度和人文关怀上对我影响很大。他还是一位受北欧建筑师——尤其是阿纳·雅各布森（Arne Jacobsen）[5]和阿尔瓦·阿尔托（Alvar Aalto）影响很大的建筑师。第二位是宾夕法尼亚大学的劳里·欧林（Laurie Olin）。我有机会在他位于费城的设计办公室与罗伯特·汉纳一起工作了 7 年。从劳里·欧林教授身上我学到了在景观设计学领域的各个方面之间的蕴含的深切联系，意识到景观设计学不仅是一门学科，也不仅是一个学位，而是在特定的场所中，思考人如何融入其中的学问。这不仅仅体现在设计项目中，更应该体现在人的日常行为与生活方式如何与其所身处的景观和谐互动上。他对我影响最大的项目是布莱恩埒公园，当时欧林工作室在他的领导下设计这个项目。另外，他对英格兰和意大利的花园和庄园以及北美的国家公园和荒野地区的景观的热爱也影响了我。

GARLIC：

您的一生致力于研究景观是如何处理后工业时代场地的。这些场地包括棕地、垃圾填埋场、军事基地等。这些特殊的用地属性是如何吸引您的注意的？为什么这些地方很重要？

尼尔·柯克伍德：

这个问题很好，我想说些我过去的小故事。1979年，当我结束在英国的建筑学习后，获得了我的第一份工作——在苏格兰的一家景观建筑事务所德里克·洛夫乔伊及合伙人（Derek Lovejoy Partners）公司工作。参与的第一个项目是处理苏格兰的一个后工业化的垃圾填埋场。这是一块被污染的、生态条件极差的土地。我们主要使用了当时可用的土木工程技术修复了这片土地，并将其变成了一个公园。这是几乎40年以前的事了，从那时起，尽管后来并没有直接地参与过，但我开始对这种类型的工作感兴趣。比如欧林事务所中除去伦敦的国王十字车站项目外其实并没有直接与棕地课题相关的项目。那么为什么我认为这个课题很重要呢？我将我目前的研究称作"全球棕地"。"棕地"[6]现在可能是全球传播最广泛的概念之一了。它是一种具有后工业形式或农业用途的场地，在土壤、地下水、空气、建筑和基础设施方面都受到了污染，需要进行修复，以便既健康、安全，又能重新使用。

换句话说，棕地问题是很大的。比如海洋的pH值正在发生改变，被污染的空气不受国界限制地在国与国之间流动。事实上，四周前在北京我提到，中国是一整片巨大的棕地。我这样主张有两个原因：第一，刺激由政府官员和学者组成的听众群体；第二，我也在期待反驳的观点。五六年前，我在苏州做相关主题讲座时一位中国景观设计师对我说：中国没有一片棕地。五六年后，我很惊喜地发现，学界的观点发生了变化。人们对此态度很开明，他们将这个概念视作有中国景观的很重要部分。我通过"中国棕地"提出的想法是，不要试图以一种非常零碎的方式来发展，你只需将整个国家视为棕地。最后我说"不要认为我在挑剔中国，因为'中国棕地'只是'全球棕地'大概念的其中一部分，事实上我认为全球都是一块巨大的棕地。"

GARLIC：
您在棕地治理方面的研究有着世界级的影响力。在很长的一段时间里您是如何看待治理方式的变化的？您认为未来的棕地治理该如何应对日益复杂的景观和城市规划挑战？

尼尔·柯克伍德：

我回顾这项工作的起源实际上是从20世纪三四十年代的欧洲开始的，主要是通过对旧的采矿场和白垩开采场的工程进行。它被简单地看作是土木工程的一种形式。补救以不同的方式应用于一个场地，要么非常积极，要么十分被动，于是这个场地变成了一个空的被清理的场地，并且会有其他事情发生。我感兴趣的是将设计，特别是景观建筑设计与修复过程联系起来，例如，设计本身可以被看作一种修复形式。比如在修复过程中或作为修复的一部分，可以对场地进行临时性的使用，这可能会导致未来不同的使用目的。工程界开始关注一些发展中的技术比如植物修复，被认为是非常投机的，但也是可行的修复方式。我在唐山做了一个植物修复装置，作为2016年举行的国际博览会的一部分，500万游客可以通过展览和示范点与该项目互动。

图2　北京首钢钢铁厂棕地踏勘

GARLIC：

有一些典型的治理技术吗？比如覆盖、移除、植物修复是场地治理的三种工程技术。这些技术在时间周期、成本和收益上分别有哪些优缺点？

尼尔·柯克伍德：

总的来说，每个场地都是独特的。换句话说，你没有办法拿出一种万能公式说我们必须采用这样的方式或这样的成本结构。必须选定一个地点的条件和背景，特别要注意文化、社会、环境和政治方面的问题。比如说，有些时候在大范围的场地中，之前提到过的所有这些情况都存在。我们可以将场地看成一系列的钟表。其中有些钟表指针走得很快，以秒为单位，有些以小时为单位，有些以月为单位，有些以年为单位，有些以十年甚至以百年为单位。我现在有一个修复过程预计长达150年的项目场地位于马萨诸塞州的洛厄尔（Lowell，Massachusetts），在那里将会有长达150年的漫长修复过程，然而或许500年后洛厄尔市早已不复存在，或者发生了天翻地覆的变化。因此我的建议是，要严格参考该地的背景、政治、社会经济和文化以及环境条件。例如这个场地中的有限区域可以采用相对昂贵的方式进行立刻修复。我发现很多场地会采用覆盖修复的方式，把场地的污染物封闭起来。在许多情况下，这是可使用的传统技术之一。因此介于一些场地中污染物的多样性，我认为我们需要同时采取植物修复、覆盖修复、电解、自然衰减等方式以顺利完成任务。我们可能会遇到有着不同污染物混合的场地，而对应的治理方式应当是一整个链条。而我眼中，设计场地就像是编排舞蹈，我们通过类似编舞的方式，将时间、功能、使用方式和人置入场地中，场地的使用方式在不停地移动和转变，修复过程也随之移动与改变。

图3 北京首钢钢铁厂踏勘近景照片

GARLIC:
您可否谈一些有关棕地治理的实际项目？这些项目面临着怎样的经济、文化、社会压力？

尼尔·柯克伍德：

有两个非常不同类型的项目。一个是新生的，仍然有待发展；而另一个已经发生，可能我们能够看到这个想法在其他地方发展。

第一个场地在兰溪，一个毗邻杭州的小城市，目前仍然呈现出发展前的雏形。这座小城想要重新探索和定义自身的框架，因此我们受邀于当地市长前去参观。兰溪以前有以金属冶炼为主的制造业，污染比较严重。他们有一系列的工业场地，配有很长的单层厂房，七八个房子排成一行，生产机器以及一部分工业材料仍留在厂房之中。但是它在某种程度上是相当空旷和美丽的，实际上同时也是危险和污染的。因此，市长问的问题是——这些地方的未来应该是什么？我们和他谈的一件事是：是的，这里有问题，但同时，你有一个惊人的文化资源，在这些空间的质量方面，你有潜在的社会设施。但这并不意味着所有这些建筑都必须被维护或保留。举例来说，通过谨慎地拆除其中两座较为荒废的建筑，你可以在现场开辟出一个空间，用于开展一整套新的户外活动，我们甚至在考虑利用剩余的工业结构开发一个教育园区。市长对这个想法非常感兴趣，他认为可以让城市的土木工程部、修复部和设计部参与进来，作为一种合作方式，实际开发修复设计方案，并考虑将该场地作为校园资源重新使用。因此，这是一个尚未发生的例子，但人们开始对此感到兴奋。

另外一个唐山的项目则略有不同。唐山在北京东北方向，有 3 小时车程，在 1976 年的地震中遭受了严重的损失。地震摧毁了这个城市，然后通过工业特别是重型制造业迅速重建。这就像杜伊斯堡北部一样，是当地典型的生产引擎，出产着中国发展建设中必需的钢材。然而，它也产生了中国十大城市空气污染中心之一，也产生了中国污染最严重的城市之一。市政府不得不采取一系列措施，不仅要改变城市的形象，而且要真正清洁城市。其中一个方法是 2016 年世博会的规划和建设——不仅改造棕地，还改造垃圾填埋场和采石场。我被世博会的组织者邀请去做他们所谓的"花园"。现在我们都明白，"花园"作为景观建筑的一个术语，在某种程度上规模较小，幽静舒适，非常注重植物和花卉。 因此，我利用这个机会开发了一个不同类型的"花园"。我开发了一个叫作"植物修复园"（Phyto Garden）的形态。它不是一个花园，而基本上算是一个示范点实验室，展示植物修复如何使用植物来清理土壤、沉积物和地下水中的毒素。 植物修复园展示了它们不仅可以作为一种工程修复方法来使用，而且实际上可以形成整个设计的基础，并实际为人们创造有形状、质地、颜色和形式的公共空间。参观者可以通过它实际了解植物在做什么，然后带走这些想法，并在唐山的其他地方或在他们自

图 4　德国克鲁兹贝格棕地踏勘

己的社区使用。因此,有两个非常不同类型的项目。一个是新生的,仍然有待发展;而另一个已经发生,可能我们能够看到这个想法在其他地方发展。

GARLIC:

您在不同国家身兼要职,您是清华大学和北京大学的客座教授,哈佛大学景观系前系主任,您也是哈佛医学院国家环境与健康中心的教员,《环境设计与规划》的编委成员。您的工作遍布全球,工作内容涉及教学、研究、出版、景观顾问。请问诸多不同的身份角色给您怎样不同的看待景观设计行业的视角?

尼尔·柯克伍德:

我在中国(内地和香港)、韩国、爱尔兰和美国都担任过一些职位,现在也如此。它们看上去似乎是独立的职位。但换句话说,出版、报刊编辑和咨询工作都可以被看作一系列相对独立的版块。但是对于我来说,它们是紧密联系的。我的研究和写作影响着我的实践工作,我的实践工作影响我的写作,而这些都共同影响着我的教学。比如说当我出版一本书时,其中的话题我已经在哈佛的课堂上讲解过。我没有在课堂上研发资料,但我在课堂上试验这些研究材料。因此,例如《植物治理:场地修复和景观设计的原则与资源》(*Phyto: Principles and resources for site remediation and landscape design*)这本书,我自己对植物学这个主题感兴趣已经有好几年了,并决定将其正式化。所以,我和我的合著者凯特·凯南(Kate Kennen)合作,在哈佛大学设计学院连续三年主持了三次研讨会。期间我们测试了书中的资料,研读书籍与科学材料。但那时我们并没有为这本书开发最初的材料,那是我们单独做的。出版这本书一共花费我们三年的时间。同时,我也在以植物修复这个主题开展讲座和教学,也在努力开展项目。因此,你可以看到,它们都开始以一种无缝的方式合作。还有关于棕地的工作,我又一次在哈佛教了唯一的棕地课程。课程开始于1997年,这几乎是25年前。然后,这促成了最后的出版、演讲和咨询工作。所以,对我来说,这些工作与角色是紧密相连、无缝贯穿的。

图5　清华大学景观专业人员和尼尔·柯克伍德合影

GARLIC:
您目前的研究和实践的侧重点是什么？您对未来的计划又是什么？您在试图寻找新的和政府、社区、机构的合作形式吗？

尼尔·柯克伍德：

在中国，我正在清华大学共同领导一个有关棕地的新的研究机构，这将是哈佛大学和清华大学之间的一个重要学术倡议。清华大学的郑晓笛教授将和我建立一个以清华大学景观建筑系为基地的研究中心，致力于研究、教学和拓展棕地和棕地的再利用。另外，我在北京大学做的是成立农村城市化研究中心。在那里，我们关注大量的，在城乡环境下的326个准备建设的新城市的城市化进程。最后，我正在写一本关于韩国景观的书，这将是我一项进行了15年的研究主题的延伸。但是若说代表作（magnum opus），在某种程度上或许会成为我最后的作品就是"全球棕地"（Global Brown）。我们开始审视整个世界的棕地问题，不仅仅是北美，不仅仅是中国，而是整个世界。这将是一类案例研究的总结，将开始打破国家壁垒和国际上的政治壁垒，甚至视整个地球为棕地——因为它真的就是一块巨大的棕地。

GARLIC:
全球棕地的概念听起来非常震撼，您能再深入谈一谈吗？

尼尔·柯克伍德：

例如，如果你把海洋看作一种棕地，它把所有的大陆、空气、水的流动以及沉积物结合起来。有可能开始打破政治障碍，把它看作一个更加全球性的问题。也许在联合国或欧盟的层面上，而不是一个国家一个国家的，一个法律一个法律的，一个地方一个地方的。

当今棕地的问题在很大程度上和国家不同层面的法律、方法与路径有紧密关系。这就是为什么国家与国家之间或者更广泛地说北美与欧洲之间常常缺乏共识。当然，欧洲人在工作的发展方面实践的时间要长得多，例如在德国和荷兰以及欧洲边缘的英国。中国现在正在发展，使用棕地模式，有集中的土地所有权。而北美的模式在此情况下不是那么有用，荷兰或德国的案例也同样。

其他没有真正出现在棕地地图上的国家现在正在出现，例如，中东的以色列、苏丹，以及非洲、拉丁美洲的国家。如果你将海洋看作一种棕地，它把所有的大陆、空气、水的流动以及沉积物结合起来，有可能开始打破政治障碍，将其视为一个更加全球性的问题。这也许会出现在联合国或欧盟的层面上，而不是逐个国家，逐个法律，逐个地点。

GARLIC：
中国的省、城市和区域中有独立的领导部门。您有什么建议可以跨越这种界限吗？

尼尔·柯克伍德：

政治边界的想法当然是相当有意思的。而实际上，整个政治科学，和现代政府都基于此。尤其是如何划分与打破一个边界的问题。例如，如果将中国的采矿区作为例子，它们会跨越各种边界——它们从一个地区到另一个地区，跨越城市和城市政府，以及跨越自然边界，如河流系统和山脉。然而棕地和污染，无论是土壤、水还是空气，都不一定考虑到政治边界，但是在很多情况下，政治边界就是在地图上画的线。中国的棕地问题必须在国家层面上解决。是的，它显然可以延伸到各个地区和区域，但它必须被关注，特别是要考虑到你如何在国家层面上把它合在一起。在某种程度上，俞孔坚教授试图将其视为一个总体规划，一个中国的景观总体规划。我们必须在一个大的范围内思考。我认为这也是适合中国的，因为中国有如此广阔的领土和对未来的愿景，不适用于着眼于每个特定的省份有自己的规则，自己的条例，那将会是非常零散的。我认为这也是景观设计所特别擅长做的事情，也是景观设计师在这种工作中会引领全国的地方。

图 1 亚历克斯·克里格教授

亚历克斯·克里格（Alex Krieger）是哈佛大学设计研究生院的城市设计实践教授，荣誉退休。他曾担任城市规划与设计系主任（1998—2004，2006—2007，2019—2020），城市设计项目主任（1990—2001），以及建筑系副主任（1984—1989）。克里格先生也是 NBBJ[7] 的董事，同时担任 Chan Krieger Sieniewicz 公司的创始人，该公司 2010 年与 NBBJ 合并。

曾在美国美术委员会任职，是波士顿公共图书馆莱文塔尔地图和教育中心的董事会和创始人之一，担任莱利研究所董事会、波士顿历史博物馆董事会、大城市规划主任研究所的创始人，市长城市设计研究所主任。

主要出版物包括《山上的城市：美国城市理想主义——从清教徒至今》（*City on a Hill: Urban Idealism in America from the Puritans to the Present*）（哈佛大学出版社，2019 年）、《城市设计》（*Urban Design*）（与威廉·桑德斯合著，明尼苏达大学出版社，2009 年）、《重塑城市滨水区》（*Remaking the Urban Waterfront*）（与邦尼·费希尔等合著，城市土地研究所，2004 年）、《绘制波士顿地图》（*Mapping Boston*）（MIT 出版社，1999 年）。

采访时间：2017 年 05 月 08 日
采访地点：哈佛大学设计研究生院克里格教授办公室

GARLIC：

感谢您接受采访，请您向 GARLIC 的观众简单介绍一下自己。

亚历克斯·克里格：

我是亚历克斯·克里格，是哈佛大学设计研究生院（GSD）的城市设计实践课的教授，也是 NBBJ 公司的董事。我帮助管理 NBBJ 的波士顿办事处，也与 NBBJ 的上海办事处有合作，参与了一些中国的项目，包括 2008—2010 年上海外滩（Shanghai Bund）的重设计。

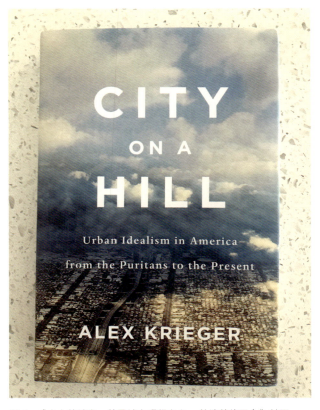

图 2　《山上的城市：美国城市理想主义 – 从清教徒至今》封面

图3 上海外滩的公共空间

图4 上海外滩

Urban Design
Alex Krieger
Bill Sunders
University of Minnesota Press
2009

URBAN DESIGN Encompasses These 10 Endeavors:

'Architecture of the City' (The Public Realm)
Restorative Urbanism (Preservation)
Form-Based Public Policy (Zoning)
Environmental Stewardship
Growth Management:
 in rapidly urbanizing regions
 in slow growth & shrinking regions
Infrastructure Planning
Guiding Real Estate Development
Land Planning (or 'Landscape Urbanism')
Community Advocacy
Anticipatory or Visionary Urbanism

图 5　外滩设计项目的十项尝试

GARLIC：

哈佛大学的城市设计专业是一门新学科，在 20 世纪 60 年代从城市规划中分离出来。这个项目也是世界上第一个城市设计项目，在教育世界各地从事建筑环境的领导人方面发挥了主导作用。今天，虽然城市规划更接近于社会科学、政治和经济，但城市设计仍然更多地强调正式设计。除此以外，GSD 还有许多其他学科，如建筑、景观、城市规划、MDes（设计研究硕士）、DDes（设计研究博士）等。各个设计学科并没有严格的界限，GSD 试图强调跨学科的意识与交流。您如何看待城市设计师未来在城市建筑设计、城市景观设计或其他类型的跨学科合作环境中的作用？

亚历克斯·克里格：

首先介绍一下城市设计项目的历史，我认为它的初衷仍然是有效的。它的意图在于参与物理环境的三个主要学科——建筑学、景观设计学和城市规划——应该分享更多的目的、价值与设计兴趣。当我们参与其中一个学科时，自然倾向于关注该学科中最重要的问题。但更明智的做法是，尤其是在思考城市的规模时，保持对你的工作与其他设计／规划学科的互动的关注。关于何为城市设计学科，我有两个略微相左的概念。

一方面，它作为一个更全面的跨学科的努力尝试，整合了建筑、景观和规划等学科的项目。在此意义上，在城市建设方面发挥一种协调的作用，尽管这听起来有些傲慢。然后，在一个更谦虚的意义上，认为城市设计是使某些设计原则和方法融入其中，让设计师在城市背景下能更好地工作。因此，这是一个让每个设计/规划学科在复杂的城市环境中获得更多设计专业知识的方法。

因此，"城市设计"要么是进一步教育建筑师、景观设计师或规划师关于规划和设计城市的物理方面的一种方式，要么在某些情况下，它可以作为一门综合学科，汇集建筑、景观建筑和城市规划的专业知识，为我们的城市创造更好更复杂的公共领域。这两种想法在20世纪60年代就已经存在，现在仍然很重要，并继续被概念化或引发讨论。总之，要么城市设计是某些工具和见解，使你成为一个更好的景观设计师；要么则是自称"城市设计师"的人是将工作重点放在城市背景上的专业人员，他们对其他设计/规划学科有足够的了解，并希望对土木工程、生态学、经济和发展也有一定的了解。

图6　大连生态科技创新城概念规划

GARLIC:
GSD 的城市设计如何与 GSD 以外的其他非设计学科进行合作？

亚历克斯·克里格：

这是一个比较难以简要回答的问题，取决于具体项目的情况。如果你正在一个新的社区、一个城区扩张区域，或在一个城市的周边工作，再或者是规划一个卫星城市，除了设计师以外，你还在与很多利益相关者合作——工程师、政府官员、环保人士、社会倡导者、房地产开发商。

再次强调，像城市设计师一样思考的一个十分重要的方面是，对那些本身在设计学科之外，但对良好的城市规划至关重要的学科持开放态度。在一个小项目中，我们可能不一定会涉及这么多其他学科，但在城市规模上，肯定要表现出对许多学科的兴趣和尊重，这就是我们现在有新型组织的原因，如 AECOM 试图在一个单一的管理下提供多种服务。为了解决城市化的问题，我们需要有比设计思维更多的东西。我们需要尊重并保持开放的态度，接受一系列基本学科的输入。

图 7 位于三条河流交汇处的匹兹堡

图 8 匹兹堡三河公园项目

GARLIC:
您对景观都市主义或新城市主义的理论或实践有何看法？

亚历克斯·克里格：

据我所知，景观都市主义仍在试图弄清楚自己到底想成为什么——它是从非常重要的直觉和价值观中产生的概念。为了处理城市化问题，景观设计师对环境和生态系统、土地和雨水管理、气候适应战略、植物和植被系统的见解，对良好的城市化和更广泛的定居地区都很重要。但对于这些问题，建筑师和规划师可能知道的比较少。因此，被称为景观都市主义出现的基础之一通常有以下的见解："在21世纪，推进良好的城市设计越来越需要明智的环境管理，我们需要部署景观设计师的见解与设计工具。"这是该理论的来源之一。

景观建筑等术语出现的另一个依据是，风景园林专业与一种假设相抗衡。这种假设即建筑师和规划师对城市设计事务有管辖权并不罕见，而景观则提供次要或辅助作用。在许多项目中，建筑师首先被雇用，并持续负责项目，而景观设计师只是一个顾问，其作用是在概念性设计后提供"修饰"和种植点缀。但是，景观设计师现在终于宣称自己也是城市主义者了，需要在一开始就成为负责人。

在我看来，与最近这种专业的自我主张相关的是，风景园林专业的成员希望摆脱被认为专注于创造或培育景观的"软"艺术，或在设计思想上过于保守，或过于乐于充当他人的下属，而非自己是在城市事务上的领导者的刻板印象，不再希望通过减轻现代环境的严酷性而使事物看起来更好。景观设计师认为自己和建筑师一样重要，甚至可能比建筑师更重要，因为景观城市学家宣称要维持一个更可持续的世界。

我对那些自称是景观都市主义者的人有相关的批评——他们太想

被认为是激进的、新鲜的和大胆的，以至于他们往往没有充分认识到自己的前辈弗雷德里克·劳·奥姆斯特德（Frederick Law Olmsted）是一位开创性的，也许还是第一位景观都市主义者，同时还是一位进步的城市理论家，一位社会倡导者和规划者，一位早期的"生态学家"，当然还是一位景观设计师。19世纪下半叶，以奥姆斯特德为首的一批景观建筑专业的先驱者，他们代表城市设计发明了一门新的景观设计学科，决心与工业化和快速城市化造成的不人道状况作斗争，因此我们可以很容易地称之为景观都市主义者。当然，伊恩·麦克哈格在20世纪60年代也是如此，他开始主张在设计建筑、道路或小区之前，需要先解决环境因素。虽然这个词是新的，但尤其在美国，景观建筑领域的遗产以及他们对城市规划的参与确实都很悠久。现在，审美意识已经发生了变化，也许奥姆斯特德的田园风光在今天不太受创意设计师的青睐，但这并不是贬低一个多世纪前的先驱的理由。最后，景观思维和规划思维的结合，似乎是城市设计的关键。

GARLIC：
您参与的许多城市设计在设计界很有影响力，同时也展现了极大的社会经济影响。例如，NBBJ设计的上海外滩项目。作为设计行业，我们怎样才能扩大我们的影响，在社会、政治或经济方面为社会作出更多的贡献？

亚历克斯·克里格：

在广大民众中，有一个相当普遍的信念，即设计行业主要担心的是美学问题。有时这可能是真的，但用这个信念对普遍的设计做定义是不公平的。设计师关注的是物理世界，并且无论是在建筑、景观还是社区的范围内，都要很好地塑造它。设计师对物理世界关注的广泛目标是提高公共领域，从而提高社区的社会、文化和经济福利。政治、政策和管理固然很重要，但在日常的基础上，人们会受到他们生活的物理空间的影响：担心自身居住地的质量，担心附近的街道、公园和空地，担心触手可及的一系列商业、娱乐和就业机会，担心附近的文化和教育机构。创造这种多样化的、功能良好的和有吸引力的环境是一项设计任务。这样做当然需要对当地的社会、政治和经济因素有所了解，并与多位专家和利益相关者进行良好的合作，还需要设计师有能力将功能和需求转化为物理环境。同样，我们每天都会受到周围物理世界的影响，受到自己与他人共享的公共领域的影响，而不是受到某项政策或经济理论的影响。促进社会在空间中良好并慷慨地生活的能力仍然是设计师和规划师的义务。

我们居住在物理空间中，即使你没有意识到你周围的环境，我们的行为方式、行为质量、行为的效率，很大程度上取决于设计质量。所以，我认为设计领域有很多专业知识，提醒人类存在于被设计的环境中，因此环境需要被好好设计。

关于外滩的重新设计，我们规划了隧道，数以万计的汽车和卡车就不会干扰到市民，人民可以轻松而优雅地走到河边。我们大大拓宽了公共空间，增加了各种设施，让人们可以在那里享受。我们为来自中国各地和国际上的游客创造了一个休闲和开放的环境，新的外滩不再是一个旧的商业港口的遗迹，而是已经成为一个地标性的地方，是上海和中国现代化和进步的象征。同样，世界上许多城市，正在将他们的河岸从陈旧的工业院落转变为他们的城市前院，当然，也需要注意气候变化，这对 21 世纪的城市生活质量至关重要。这就是城市设计所能产生的效果。

如果我可以再继续说下去的话，我认为城市规划领域，特别是在美国，主要侧重于政策而不是物理规划，因为他们认为只有政策才能改善世界。实则不然，人们希望规划师帮助他们创造一个更好的街道，一个更好的更能负担得起的居住地和一个更好的公共交通系统或更多的开放空间供他们享受。这些都是物理规划和设计的问题，当然需要政府的指导和政策来资助这些事情。然而，公众有时会感到困惑或沮丧，因为他们只是希望有一些方法使他们的家或工作场所前的街景更好。我们确实需要更好地宣传我们的设计工作的价值，少一些美学方面的东西，多一些对改善我们日常生活的影响。

图9　蒙特利尔旧港改造

GARLIC:

在公众参与方面，美国和其他国家之间有很多不同。NBBJ已经在中国做了很多项目。根据您在中国的项目经验，您对公众参与有哪些创新或建议？我们怎样才能使项目更好地与公众相联系？

亚历克斯·克里格：

在20世纪50年代、60年代和70年代，美国的城市正经历着"城市更新"（urban renewal）的改造时代，但由于改造是激进的，所以没有多少公众参与，反应不积极。因此，市长和市议会开始要求公民参与所有城市规划和发展项目的审批事宜。由于公民的参与，许多项目得到了实质性的改善，尤其是在早期的设计阶段，可以分清设计的优先级与解决民众困扰。

问题是，钟摆摆动得如此之大，以至于项目可能在公众参与过程中陷入数月，有时甚至数年的过程。每个人的意见似乎都同样重要，因而无法得出结论。其中忽略了需要建立明确的参数、时间框架和从公众参与过程中达成共识的方法。我并非反对公众参与，而是需要一个有助于控制公众参与的过程，我相信中国的治理形式可以想出办法。而在美国，几乎任何人都可以推迟一个项目，即使反对意见显然是自私的，而非出于对推进一些崇高的公共目的的关注。有时被忽视的是，一个城市不仅仅是为目前在这里的人服务的，也是为了保护历史和文化，并适应后世。公民参与的一个常见限制是，参与的人只关注"我想要这个"，"我不想要那个"，但是重点必须放在公共目的上。

当然，在中国应该而且将会有更多的公众参与。随着中产阶级的不断壮大，他们将变得不再被动，并期望在规划和发展问题上变得更加积极。在中国执业的西方建筑师和规划师应该介绍成功的参与案例，指出他们是如何帮助改善项目的，同时指出如何避免失控的参与。虽然参与必须像在美国一样，从基础开始，但治理者必须表示他们的支持，且坚持在这个过程中寻求广泛而非狭隘的利益。

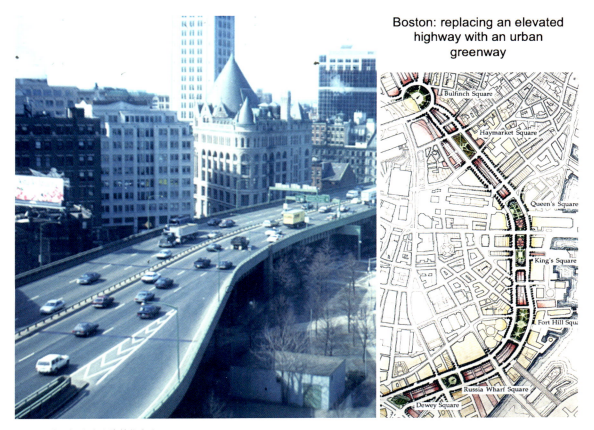

图 10 波士顿高速公路替代方案

图 11　波士顿中央码头广场的绿道林荫路

GARLIC：

除了做城市设计，您还对区域尺度的思维有很好的理解。大城市群有很多关键的政治和经济利益。在中国有三个领先的大城市群，北京、上海和深圳。一方面，超大区域创造了巨大的就业机会，刺激了经济增长。另一方面，城市核心区的高密度发展，产生了一些问题，如拥堵、高生活成本和环境问题。而随着城市向大都市地区的扩张，它们也将推动周边地区的发展。农村地区如农田将被城市化地区所取代。您对中国的大城市群有什么看法？

亚历克斯·克里格：

我认为中国的中央政府已经开始明白，从长远来看，三四个特大型城市地区可能不如十几个甚至更多的经济、社会和文化繁荣的城市地区好。以美国为例，国家的首都华盛顿特区在经济和文化上很难与纽约市相比。但是，芝加哥是相当重要的，得克萨斯州的休斯敦、洛杉矶和另外十几个至少更多的城市也是如此。通过郊区化，许多人认为城市太分散了。郊区是对19世纪末过度拥挤、快速工业化、污染严重的城市的一种有价值的积极回应，这些城市正变得过于密集、拥挤。郊区化则是我们对于这种负面现象的回应。但在最近几十年里，出现了一种重新整合城市的兴趣，就像我们认为成功的一些城市，如纽约、波士顿、旧金山、西雅图和其他一些城市一直在做的那样。

在中国，现代化在时间上被压缩得令人难以置信。在欧洲和美国，花了一两个世纪的时间来实现现代化。但它在中国发生的速度如此之快，导致少数"现代"城市的决堤式发展（bursting），所有的人都被吸引到这些城市。这最终可能会阻碍经济、其他人力资源以及机会的更多样化、平等化的分配。目前的国家领导人已经明白了这一点，这就是"城镇化"（townization）概念出现的原因——找到一种将繁荣分配到国家不同地区的方法。如何最好地实现这一点，我不太确定我们是否有足够的知识。但在美国，城市去中心化是相当有意识地追求的。

有两个例子——美国有50个州，每个州都有一个州府，但最大的都市区并不是大多数州的首府。纽约不是纽约州的首都，而是奥尔巴尼市，离纽约有几个小时的路程。在19世纪下半叶工业化的高峰期，为了避免经济和其他资源的过度集中，措施之一是在一个州的其他地方建立首都。例如，奥尔巴尼用于平衡纽约，防止其变得越来越大并产生垄断。近百所学院和大学是通过一项名为"莫里尔赠地法案[8]"（Morrill Land Grant Act）的国家计划创建的。我们的联邦政府将向各州宣布，"如果你们同意创建一所大学，我们将给你们一定数量的公共土地。"例如全国最著名的大学之一，同时也是常春藤大学之一的康奈尔大学，就是这样建立的。并且它不是位于纽约市，甚至也不是位于奥尔巴尼，而是位于纽约州中部的一个小镇。土地赠与计划是分配经济投资的另一种方式，它相信一个主要的研究机构会催化其周围的增长。在未来的几十年里，中国将建立许多种类的机构，如大学、医疗和研究中心，并应确保它们都不会聚集在一两个城市的巨型区域内。

GARLIC：
上个月，中国政府宣布雄安新区为中国第三个经济特区，位于河北，远离北京。这意味着中国正在努力实现资本和功能分散的这种转变。

亚历克斯·克里格：

是的。与宣布在北京或上海周围建立一系列新的"卫星城"相比，我认为这是一个不同的，更明智的战略。中国需要找到一种方法来建立新的"太阳"，使新的城市"太阳系"能够围绕它运转和发展。

GARLIC：
中国的很多城市规划者仍然认为，北京、上海、深圳应该处于中心位置，就像太阳一样，其他城市只需要像卫星一样围绕太阳生长。但您有着不同的观点。

亚历克斯·克里格：

是的，中国的未来还应该拥有几个"太阳系"。

图 12　华盛顿特区阿纳卡斯蒂亚河畔总体规划

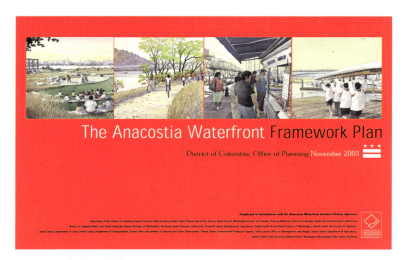

图 13　华盛顿特区总体规划 – 阿纳卡斯蒂亚河畔规划框架

GARLIC:

关于为 21 世纪的气候变化、公共卫生和社会福利的设计，根据世界银行的统计，世界人口将在 2022 年超过 74 亿，而亚洲的人口将超过 45 亿，占世界人口的 60% 以上。城市也很容易受到全球问题的影响，如全球变暖、食品安全、洪水、污染、拥堵、能源枯竭、住房紧张，等等。您认为在 21 世纪，设计如何能对这样的大问题作出更大的贡献？

亚历克斯·克里格：

我希望我知道这些答案。请让我来回答一个稍微不同的问题，但也许并非完全不相关——是我认为中国在管理城市化的未来方面可能领先于美国的地方。我们现在面临的许多问题，如气候变化，很难在地方范围内解决。它们至少需要在区域范围内解决，最终将需要在地球范围内采取行动。区域性思考的能力，就像一个更集中治理的中国所能做到的那样，很可能比美国的模式更适合 21 世纪。在美国，每个小城市都有权决定自己的增长和可持续性计划。波士顿没有办法控制其市属剑桥镇可能想做的任何事情，反之亦然。我们的数百个小型、中型和大型城市中的每一个都可以几乎自主地计划。然而，我们无法以这种方式解决洪水问题，无法解决气候变化的几乎任何后果，无法在地方范围内解决交通问题，无法以这种方式解决污染问题，等等。

美国需要克服的是在城市范围内治理和规划的低效率。下一场大型风暴将不仅仅影响纽约，它也将像前些年一样破坏新泽西州的主要地区。而在美国，很少有机会可以跨市镇，更不用说区域或州的边界进行良好的规划或设计。但我认为，21 世纪将需要更大范围的规划。而这正是我认为中国政府以更权威的方式行事的能力可能是一个优势所在的原因。例如，你们一直在建设世界上最全面的高速铁路系统之一。

我们美国很难做到这一点，融资不是问题的主要部分。这也是因为难以达成跨城市边界的共识，以及我们已经成为一个政治上、经济上和人口上高度隔离的社会。旧金山和洛杉矶之间仅相隔 560 公里，一个拟议的高速铁路系统已经计划了近 20 年，但仍然遥遥无期；前段时间，波士顿的"红线"——该地区最重要的交通线，正在进一步延伸到剑桥，并计划继续到下一个城镇阿灵顿。但是该社区有意见的成员阻止了这一计划，因为他们不希望"有问题的人"通过地铁进入他们的社区。多年后，该社区的许多人将对这个决定感到后悔。因为在未来的气候变化年代，我们没有能力进行区域性思考，这将制造越来越多的障碍。在中国，看似过于集中的治理过程可能会在某种程度上成为对推进气候变化的必要反应的好处。最后，正如世界上最大、最理想的城市已经开始经历的那样，如果每个人都集中在完全相同的地理环境中，就很难克服住房和其他不平等现象。我们需要区域和国家的解决方案，而中国可能比目前的西方国家更有能力处理这些问题。

06
刘健专访

图 1　刘健教授

刘健，清华大学获得建筑学专业工学学士、城市规划与设计专业工学硕士、博士；现任清华大学建筑学院长聘副教授、博士生导师、副院长；《城市规划（英文版）》执行主编，《国际城市规划》编委，《城市规划》特邀审稿人；历任或现任亚洲规划院校联盟执委/副主席/主席，世界人居学会理事/副主席，国际城市规划论坛执委，中国城市规划学会国外城市规划学术委员会副主任委员和乡村规划建设学术委员会委员，中国城市规划协会女规划师委员会委员；1995加拿大不列颠哥伦比亚大学人居中心，2000法国总统项目，2003法国文化部建筑遗产中心当代中国建筑观察站，以及哈佛大学设计研究生院2016富布莱特访问学者。长期从事城市规划与设计的教学、研究和生产活动，曾主持或参与多项国家自然科学基金研究课题、国际合作研究、部委和各级地方政府委托的研究课题，以及北京、河北、山东、浙江、江苏等多地城市和村镇的规划设计，并有多本学术专著和数十篇学术文章在国内外出版发表。目前研究方向主要包括城乡规划与设计、城乡规划制度研究和城市规划国际比较研究。

首次采访时间：2017 年 05 月 22 日
采访地点：哈佛大学设计学院 Gund Hall 五层教室

GARLIC:

今天很高兴教授您能参加 GARLIC 的专访。请刘老师简单介绍一下自己。

刘健：

大家好，我是刘健，来自清华大学建筑学院，目前在清华大学建筑学院规划系任职，主要从事城市规划与设计的教学和科研，偶尔也开展一些实践工作。目前作为富布莱特访问学者，在哈佛大学设计学院进修，时间为 1 年。

GARLIC:

您长期从事中国城市规划的教学、研究与实践工作。在清华大学获得了城市规划的硕士和博士学位。您也曾经在法国巴黎美丽城国家高等建筑学院访问学习。在过去的一年，您在美国哈佛大学访问交流并作为嘉宾给哈佛设计学院学生授课。您的这些国内和国际的教学、访学和研究经历，给您对看待中国新型城镇化建设的问题和机遇带来了什么不一样的视角？

刘健：

无论是否愿意承认，全球化已然成为事实。因此我认为对于从事建筑和城市研究的学者而言，宽广的视野非常重要。所以城市研究不仅要了解自己国家的发展，也要了解世界其他国家的发展。我们常说城市是人类文明的结晶，是人类社会的物质化体现。在研究中国城市的时候，放眼去看其他国家的城市发展，对我们会有很大的启发。从另一个角度看，城市化首先发生在西方发达国家，而中国的城市化相对滞后。如果我们承认城市化是人类社会发展的客观规律，在研究中国城市化时去参考其他国家的城市发展，可以带来很大的启发。

我很幸运生活在中国社会快速发展的时期，可以亲身感受城市化带来的变化。我也有幸先后在欧洲和美国生活过一段时间，有机会以个人的视角，甚至从生活的角度，体验欧洲和美国的城市，从专业角度去考察和思考这些城市的演变如何逐渐发展成为今天的样子。这个过程对我有很大的启发，在思考中国城市发展的时候会想，欧美城市有什么成功经验值得我们借鉴，它们在城市化进程中经历过什么问题是我们应该努力避免的。

图 2　刘健老师在 GSD 受邀做讲座

此次美国访学使我切身地感受到，中国和美国作为世界上的两个重要国家，有太多不一样的地方，体现在历史、文化、政治、制度等很多方面。但从城市发展来看，两个国家的城市发展都遵循了城市化的基本规律，也有不少的共同特点可以相互学习借鉴。

我们今天讨论中国的新型城镇化，针对的是传统城市化，目的是避免传统城市化的弊端。发达国家基于传统工业化的城市发展在进入某个阶段后都出现了比较严重的问题。譬如美国的底特律，曾经如此伟大的工业城市如今却陷入了衰败，足以说明问题的严重。中国倡导的新型城镇化就是希望避免这些问题的出现。

所以，国际的经历和国际的视野可以带来很多启发，可以引发很多思考。作为一名教师，以我个人经历，我很鼓励年轻的一代在条件

图3 巴黎城市形态

图4 明尼阿波里斯市城市形态

允许时多去旅行。特别对城市研究者而言，关注的不仅是城市的物质环境，还有城市的社会发展，勤学多看，学习他人的经验，反思他人的教训，都会大有裨益。

GARLIC：
"一带一路"倡议的提出代表着中国正积极融入全球经济的大环境，参与更多的全球经济合作。您觉得在"一带一路"的大背景下，它对中国城镇发展有何积极的影响？城乡规划学科又该如何应对？

刘健：

"一带一路"国际合作高峰论坛在北京召开时，我刚好在GSD参加规划系的研究生论文答辩，10篇论文中有两篇和"一带一路"相关。其中一篇论文针对"一带一路"倡议涉及的地点和影响范围进行了比较全面的综述，清晰地表达了这个战略的重要性及其在全球层面的影响。另一篇论文来自一位埃及学生，研究了在"一带一路"倡议影响下，埃及政府在苏伊士运河沿线设立的一个开发区的建设情况。其实在国内，我们不太体会得到"一带一路"倡议的影响；反而是在走出国门之后，看到国际人士如何看待这件事情，才意识到它的深远影响。

至于"一带一路"倡议对于中国城镇化和城市规划学科的影响，我认为可以从下面这个角度来认识。"一带一路"倡议不仅旨在推动当地的经济发展，也旨在改善当地的基础设施条件，这其实是在推广中国在过去30多年里所取得的城镇化成功经验。那位埃及学生在论文中使用"物流城市化"的概念，描述了在苏伊士运河开发区中，基于物流产业及其基础设施建设的城市发展。与发达国家传统城市化模式不同，中国的城镇化是基础设施和产业发展先行，这是中国过去30多年城市建设成绩斐然的重要经验。先建好基础设施、做好产业发展，再引入更多的人口发展城市，使这些"预先的建设"成为后续城市繁荣发展的重要支撑。个人认为这是中国在过去30多年的城镇化进程中最有价值的经验，可以通过"一带一路"倡议推广到其他国家和地区，尤其是不太发达的国家和地区。就城市规划学科而言，"一带一路"战略同样提供了一个难得的机会，可以对中国城市在过去30多年城镇化进程中丰富的实践经验进行理论总结，并将这些理论推广到世界上其他地方，弥补现状重实践、轻理论的不足。

图5 过去和现在的"一带一路"

GARLIC:

据世界银行预测，中国城镇化率在未来 15 到 20 年内将达到 70%。也就是说，2030 年前后将有近 10 亿的中国人将居住在城市。这对城市和乡村来说都会是前所未有的挑战。就城市来说，大规模城市化给城市带来了很多问题，比如交通拥堵、房价过高、空气污染等，我们称之为"城市病"。同时，社会群体隔离问题也逐渐产生，例如贫困人口和进城务工人员的社会福利、子女教育和医疗保障等问题也很突出。另外，大规模的城市化给乡村和城市郊区也带来了问题，有人称之为"乡村病"。乡村的社会结构也发生了很大转变。妇女、老人和儿童的比例相对较高。想请问您，新的城乡规划该如何应对城乡二元结构的挑战？您是否可以从城乡规划实施的复杂程度、土地所有权归属、行政管辖范围、户口制度来讨论？

刘健：

这是一个十分复杂的问题。目前世界上超过一半的人口居住在城市，城市化也似乎成为人类社会发展中一个不可阻挡的趋势。正因为如此，也许现在是时候反思，城市化是否会成为人类社会的终极状态。城市和乡村是两种最基本的人类聚落形式，或许在某个阶段，城市发展先于甚至优于乡村发展；但是只要人类的生存有赖于食物生产，乡村的存在就是必然，而且就生态和文化而言，乡村发展同样重要和不可或缺。因此，城市化不会导致乡村的消失，我们需要在这个前提下重新思考城市和乡村的关系。

在城市化的某些阶段，城市的居民数量会持续增加，城市在社会经济结构中的贡献也明显大于乡村，所以人们会向城市投入更多的关注而忽略乡村的发展。从中国当前的形势来看，过度和过热的城市发展导致城乡关系的失衡，已经带来了很多问题，例如刚才谈到的乡村和乡村文化的消逝，随着乡村的消失而出现的生态问题，以及现存的很多村庄所面临的人口结构急剧变化的问题。在某种意义上，这些问题的出现不可避免，就像孩子成长过程中出现的问题一样，与国家的特定发展阶段有关。

在中国从计划经济向市场经济的转型过程中，多方面的制度变革带来了巨大影响。简单来说，中国是典型的城乡二元结构[9]，是一个独特的制度体系。在计划经济时期，城市化战略建立在乡村支持城市的基础之上，无论是户籍制度、还是土地制度，以至行政管理体制上，城市和乡村都截然不同，目的就是有利于乡村支持城市发展。这种制度体系甚至导致了一种固有的认识，即城市代表着先进，乡村代表着落后。这种文化认知具有非常深远的影响，虽然改革开放以后相关制度都在变革和完善，但很难在一朝一夕完成。

令人欣慰的是，过去10年里，中国的城市化政策越来越多地纳入了对乡村发展的考量，大力推进城乡统筹发展，以维持城乡关系的相对平衡，取得了一些可喜的实质性变化。在户籍制度方面，计划经济时期，没有城镇户口的农村人口几乎无法在城镇生活；改革开放以后，大量农村人口随市场需求迁居城镇，但仍然无法获得城镇户口，也因此无法享受城镇的社会福利，包括进城务工人员的子女无法像城市的孩子一样就地接受义务教育。近年来情况有了很大变化，目前至少在北京，如果能出示长期居留证明，流动打工人员的子女同样可以就近入学接受义务教育。社会各个方面都非常关注此类问题，国家在政策层面上也鼓励农村人口到中小城市和小城镇落户，并保证他们享受城镇的社会福利。在土地制度方面，同样出现了诸多深刻变化。尽管在计划经济和商品经济时期，城市和农村的土地始终保持不同的产权归属，但在改革开放以后，农村建立土地承包制，农业用地开始被视为市场要素进行流转，以有利于农业用地的规模化经营和管理；最近两三年来，国家也开始对农村集体建设用地流转进行改革试点，充分发挥土地作为生产要素的市场价值，为乡村发展汇聚更多资源，以提高乡村的生产效率，改善乡村的生活质量，促进乡村的现代化进程。

总之，国家正不断推进制度改革，试点实践也颇有成效。按照这种趋势，有朝一日，会有不少城市人口选择放弃城市到乡村生活；这也意味着资源和人才从城市向农村回流，城市支撑乡村的发展。

图 6　空心村庄的空巢老人

GARLIC：
过去的十几年，您一直参与京津冀区域规划和北京城市规划的研究工作。在您看来，京津冀协同发展中的疏解非首都功能的核心是什么？如何有序疏解？

刘健：

新中国成立以来，北京的城市发展长期保持单中心扩张的趋势。20 世纪 90 年代的北京城市总体规划曾提出把北京的发展重心从以旧城为中心的城市核心区向郊区转移和疏解的战略，但功能疏解的发展理念直到 2004 年颁布新的北京城市总体规划以后才得到认可和重视。最近几年，随着京津冀区域发展的不断深化，功能疏解的趋势变得越来越强烈，京津冀的协同发展也因此成为一个重要的国家战略。

北京城市发展的中心集聚是很多原因导致的结果。北京集中了城市发展所需要的多种资源，诸如人才、土地、投资和政策。北京拥有中国最多和最好的学府和科研机构，是人才和科技的汇聚之地；同时作为首都，北京也是中央政府机构的所在之地，这些政府机构又进一步吸引了大批的经济机构，如公司和企业的总部，企业家们愿意带着技术来到北京落户。这使得北京像一个巨大的磁极,汇聚了所有有利于城市发展的资源。遗憾的是,这些资源汇聚在北京并未对周边地区的发展起到应有的推动作用,甚至在北京周边的河北地区形成了一个灯下黑的区域,反而对北京的发展产生了不利影响。

一个城市的良性发展意味着城市既要实现自身的发展,又要带动周边地区的发展,形成区域协调的发展态势。对北京这个特大城市而言,在区域层面上进行功能疏解,特别是非首都功能的疏解,其实是一种减负,因为并非所有的城市职能都需要北京来承担;某些特定的城市职能可以由周边地区的城市来分担,同时释放过度集中在北京的人才、技术、投资等资源到周边城市,通过相互协同实现共同发展。在这个问题上,国内是有成功的先例可供参考的——长江三角洲是中国经济最发达的地区,它在改革开放之后的整体发展就

图 7　雄安建设中心

是受益于上海的带动。改革开放之初，有不少被称为"周末工程师"的上海企业的工程技术人员，利用周末时间前往周边地区的村镇企业提供技术指导，从而把人才和技术从上海带到了周边地区，在一定程度上促进了这些地区的发展。合理的资源配置是实现区域协调发展的关键，也是京津冀地区真正实现协同发展的关键。

GARLIC:

从城市密度的角度来看，北京的中心城区还远没有达到其能承受的开发密度。但是纽约曼哈顿、上海浦东新区、中国香港、东京的城市密度远超过北京。那么北京的未来是否可以变得更加紧凑而不是以"摊大饼"的模式一直往外扩张？北京的卫星城比如亦庄、顺义、房山等城区该如何处理其与北京中心城区的依存和独立的关系？增加密度还是持续摊大饼？

刘健：

要回答这个问题可能首先要厘清"北京的中心城区"的空间构成。如果这里所说的"中心城区"指的是64平方公里的北京旧城的话，它的开发密度或者说是开发强度的确无法与纽约的曼哈顿、上海的浦东新区以及中国香港和东京相提并论，原因在于北京旧城首先是一座历史文化名城，现行的名城保护政策明确禁止大规模拆旧建新，在保留传统的胡同和四合院肌理的情况下，开发强度不可能太高。如果我们把"北京的中心城区"扩大到四环的范围，北京旧城和四环之间的城市地区大多是在新中国成立以后建成，沿袭了计划经济时期城市总体规划确定的传统空间形态，道路宽阔，路网稀疏，加之中国住宅建筑有最小日照间距的特殊规定，导致楼宇之间的距离很大，土地的开发密度相较于上述其他城市确实要低。

无论是纽约、东京还是巴黎，基本都是遵循土地市场规律发展起来的城市，采用的也多是窄街道、密路网的格局，交通上常采用单行线的组织方式，在土地开发和交通组织上都能达到较高的效率。相比之下，北京的宽马路占用了不少的土地资源，楼宇之间的大片空地利用效率也很低；这些都有待于我们通过细致的城市设计工作作出调整，进一步提高利用效率。

至于城市空间扩张和摊大饼的问题，在实地考察和系统研究几个重要的世界城市之后，我认为这是城市发展的客观规律，因为在进入城市化加速发展阶段之后，这些城市都不可避免地出现了空间扩张现象。相比之下，更重要的问题是城市空间扩张呈现的是何种形式。例如在美国，城市中心和城市郊区是两种截然不同的城市形态；城市中心高楼林立，城市郊区则多是连绵不断的低密度住宅，甚至连餐厅、酒吧都很少见，居民们只能开车到超市购物休闲。这对于偶尔来到此地的游客来说，很容易迷失；对于没有车或者不开车的人来说，则是寸步难行。在我看来，这才是城市蔓延或者摊大饼，也是美国在20世纪90年代以后倡导新城市主义[10]的起因，强调郊区发展要有综合了娱乐、零售、餐饮等服务功能的社区中心。

至于北京，虽然要承认其空间扩张在某种程度上是客观规律使然，但在城市空间扩张过程中必须妥善保护绿色开敞空间。在这方面，巴黎可以作为一个有益的借鉴；基于特殊的地形条件以及对河流和森林的保护，巴黎在城市空间扩张过程中保留了大片绿地，形成了自然空间与人工空间的有机穿插。但是因为北京地处平原地带，在城市空间扩张过程中保护绿色开敞空间相对更加困难，尽管历次城市总体规划都预留了需要保护的绿色开敞空间。与美国城市不同，北京的城市空间扩张并非均质的城市蔓延，而是形成了若干中心；例如，清华大学所在的五道口地区，虽然地处四环以外的城市郊区，但已经形成一个具有复合功能的社区中心，甚至颇具影响力，享有"宇宙中心"的美誉。

至于房山、顺义这些地方，在规划上长期被视为北京中心城区的卫星城，在最新的北京城市总体规划里又进一步升级为新城。它们大多距离北京市中心30公里以上，与中心城区的日常通勤既不合理、也不方便，所以应该努力完善自身的城市功能，成为当地的城市中心，尽可能多地满足当地居民的就业与生活需求，减少与中心城区的长距离通勤。至少从目前来看，这几个比较重要的新城都有各自的支柱产业，成为各自相对独立发展的重要基础。

图 8　北京通州副中心

GARLIC:

汽车的出现在某种程度上对城市带来了些负面影响。比如美国洛杉矶，城市扩张到了郊区。白天人们出行需要依赖汽车，从郊区到城里上班。夜晚人们回到郊区生活而城市中心则变得相对空旷。而有预测显示，汽车在未来10到20年将完全实现无人驾驶。在我看来，到时候人们完全可以在无人车内办公，可以很早就出门上班，在车内睡觉休息。为了避免停车，人们也可以一直让汽车在路上空跑等。那么无人车的到来是否会带来更多的城市问题？请问刘老师，未来城市规划和设计该如何应对这一新科技的到来？

刘健：

工业革命之后，人类社会的最大进步就是日新月异的科技发展，它已经成为推动世界发展的最大动力，似乎任何问题都可以通过技术手段加以解决。这确实是人类进步的伟大成就，但同时我们也必须思考，科技发展的最终目的是什么。例如，无人驾驶汽车的出现和普及的确可以为某些问题提供解决方案，但倘若未来果真如你描述的那样，似乎无人驾驶汽车本身就变成了目的。设想一下，为了工作，我每天必须凌晨四点起床，坐进开往洛杉矶的无人驾驶汽车里继续睡觉；到了洛杉矶之后，为了避免停车的麻烦，我还要在一直行驶的汽车上工作。这种情况下，我首先要反问自己，我为什么要去洛杉矶？如果洛杉矶只是工作的目的地，我是否应该换一种工作方式？其实城市规划的第一步就是价值判断，只有在明确了价值判断之后，才能针对物质环境开展后续的规划设计。

关于无人驾驶汽车的发展及其影响，美国社会的关注程度似乎远高于中国社会。我来美国短短几个月的时间，已经针对这个问题参加过两次讨论了。第一次是在GSD住房中心组织的美国养老金问题研讨会上，有专家指出，对于80多岁的老年人来说，由于社区缺少便利店，他们不得不驱车到远处的购物中心采购，无人驾驶汽车的发展可以帮助他们解决高龄驾驶困难的问题。第二次是我拜访大底特律规划局时一位工作人员表示，当前底特律城市发展所面临的许多问题包括养老问题，将来都可以通过无人驾驶汽车技术的普及得到解决。

对于老人而言，技术手段确实可以帮助他们解决困扰生活的部分难题，从而提高生活质量，但也仅仅是部分难题而已，至少在情感和精神上，他们可能更需要耐心的交谈和温暖的陪伴，这显然是无人

图 9　科技使生活变得与以往不同

驾驶汽车无法做到的。从城市规划的角度来看，美国的郊区住宅在很大程度上削弱了社区的归属感，老人们除非住进老年公寓，否则很难拥有自己的邻里和社区。相比之下，中国的传统社区，特别是单位大院，常见不少老年人居住在同一个社区，互相关照，每天会在特定的时间和特定的地点见面，一起聊聊天、跳跳舞，如果哪天有哪位老人没有出现，他们也会想办法去核实，从而建立起独特的社区意识和社区运行方式。

技术应用要取得好的效果必须要有明确的目标导向。在城市规划领域的导向就是价值取向，具体而言就是设定未来的生活方式，进而在此前提下，利用技术手段不断提高生活质量。我相信总有一天，无人驾驶汽车会畅行世界，但希望它不会把人类变成科技的奴隶。回顾美国城市的发展历史可以发现，有很多城市病都源自汽车的发展。无论在休斯敦，还是底特律，高速公路直接进入城市中心，人们开车进入城市中心的楼宇，从停车场直接进入楼宇，很少有人在

图10　科技改变现代人们的生活方式

此过程中停留；这对城市中心和城市郊区的社会生活都产生了很大影响，毕竟少人停留的城市是无法维持有活力的社会活动和街头生活的。

人是一种社会动物，需要社会交往，社会交往也是城市活力的源泉；只有在有助于维持正常城市生活的前提下，无人驾驶汽车技术的发明和使用才真正具有意义。比如，在一个没人会开车的家庭出现紧急事件时，无人驾驶汽车一定能帮上大忙；再比如，对于不会开车的访客，无人驾驶汽车也能提供便捷的服务。所以无论是基于发展规律，还是从专业视角来判断，我们首先要对城市生活进行预期，然后运用现代技术来实现它，而非反其道而行之。

图1、2 李翔宁

李翔宁，博士，同济大学建筑与城市规划学院教授、博士生导师，院长，青年长江学者。建筑理论家、评论家和策展人，哈佛大学客座教授。任中国建筑学会建筑评论委员会副理事长兼秘书长，国际建筑评论家委员会（CICA）委员，国际建筑杂志 Architecture China 主编，并曾任教于达姆施塔特工业大学、东京工业大学、加利福尼亚大学洛杉矶分校等多所国际高校。担任 The PLAN、Le Visiteur 等国际刊物编委，及密斯·凡·德罗奖欧盟建筑奖、CICA 建筑写作奖、PLAN 建筑奖、西班牙国际建筑奖等国际奖项评委。作为知名建筑策展人，担任了米兰三年展中国建筑师展、哈佛大学 GSD 当代中国建筑展、深港双年展、西岸当代艺术与建筑双年展、上海城市空间艺术季等重大展览的策展人，2017 年釜山建筑文化节艺术总监，2018 年威尼斯双年展中国国家馆策展人。近期著作包括 Towards a Critical Pragmatism: Contemporary Architecture in China《全球化进程中的地方性建筑策略》《上海制造》等。

首次采访时间：2017 年 01 月 04 日
采访地点：同济大学建筑与城市规划学院教师办公室

GARLIC:
十分感谢您接受我们的采访。可以请您简单介绍一下自己吗？

李翔宁：

我是同济大学的老师，讲授关于建筑历史理论和批评的课程。平时的主要工作是理论的批评与研究，这是一项对当代中国建筑师的思想、实践进行评论和归纳总结的工作。同时我也通过一部分展览工作来呈现我对于当代中国建筑的一些观点和理念的认识。展览包含国内的双年展和一些国际展览。我希望通过国际上的展览，各种各样竞赛的评审，以及给国际的杂志写评论和理论文章将中国建筑师的思想和作品介绍到国外。

我认为这些工作整体上围绕着一个非常核心的主题，即——如何认识和评价当代中国建筑的一些特殊制度？这是我工作关注的一个重点。

GARLIC:
您对当代中国的建筑、城市进行了深入的学术研究。中国的城市化在空间和时间维度上都有其鲜明特色：一方面很多新的建筑及城市建成，另一方面很多历史建筑甚至城市为了发展而被拆毁。您对当代中国城市的这种二元性的发展现象如何评论？

李翔宁：

不管是国际上的评论，还是我们中国自己的大众媒体批评，现在对于当代中国城市和建筑的批评主要都集中在这个点上。对我而言，这个问题应该一分为二来审视。

首先，这种双向的、破裂的状况的确是存在的。一方面我们兴建了许多新事物来代替，另一方面又把历史传统给破坏掉。但我个人认为如果更深一层地讨论这个问题的话，也许这种简单的二分法是有一些问题的。因为不一定能对"拆"或者"建"作一个简单的评述：拆掉是不是一定不可以？建又应该怎么建？这不是非黑即白的事情，里面有很多中间地带，存在进一步探讨的余地。

如果拆了，我们有没有可能建得更好？

我认为现在的问题在于我们没有把它建得更好。我们拆掉了以后建了一种非常平庸的、没有我们自己的当代特征的城市。

我个人并不是一个绝对的保护主义者。很多人会说,只要是老的建筑就一定不能拆,我倒是不持这样的观点。我觉得我们需要保护"传统",但也需要保护我们的"未来"。更关键的问题是我们拆掉了以后,应该建一个什么样的未来?是有挑战性的未来,还是平庸的、走向更商业化的未来?

如同今天欧洲的城市,他们已经不再讨论房子该不该拆,或者能不能建新房的问题,而是在讨论建的新房子应该是怎样的品质。我觉得这是一个更加重要和关键的问题。

图3 李翔宁教授接受采访

图 4　2017 年上海城市空间艺术季主展场照片 1

图 5　2017 年上海城市空间艺术季主展场照片 2

图 6　2018 年威尼斯国际建筑双年展中国国家馆室内照片

GARLIC：

刚刚我们聊到您不仅是一个很活跃的建筑师、教育家、策展人，同时也是设计创意者和建筑评论家，请问这些不同的角色如何帮助您对建筑和城市产生不同的理解？

李翔宁：

在这几个不同的身份之间，我作为建筑师的角色是最弱的。虽然我以前也做设计，但现在基本上都在从事跟策展和研究相关的工作。

以前我们认为建筑行业的主要工作就是要造房子。在中国的这么多年以来，大家也觉得我读了建筑系，最重要的目标应该是成为一个建筑设计大师，不断地实现设计创意。我放弃了这条路，是因为我觉得从某种意义上来说，我们更需要的是批评，以及理论的思考与反思。

大家在经济好的时候都更愿意去做项目，希望能抓住当代中国的发展机遇，建造出更多的作品，但这种反思或许更加重要。

而且我并不觉得建筑的实践只局限于设计这一个方向。在哥伦比亚大学有一个很好的课程项目,就叫作"建筑的批评、策展与观念性实践"(Critical, Curatorial and Conceptual Practice in Architecture)。我认为这些是更重要的"质性"的思想活动,也是我们建筑学专业非常重要的组成部分。

我认为策展、评论和理论这几个工作是紧密结合在一起的。我有一个申请研究基金的题目就是:"在当代中国,如何更好地将评论、策展和理论这些研究的工作结合起来,使其相得益彰?"这是我很愿意做的一件事。

GARLIC:
您2016年春季学年在哈佛大学设计学院任教,同时您也组织策展了名为"迈向当代中国建筑的批判性实用主义"展览,请问您在这次展览中最大的收获是什么呢?

李翔宁:

我认为在哈佛大学的教学与这次的策展的一个最重要的作用是:让西方学界能够了解到中国建筑和城市的一些状况,不仅仅呈现事实层面的内容,更多的是想向他们呈现事实背后的,关于空间或者环境生产的机制。大部分的国外研究者可能看到了中国建筑或城市建造的表象,但他们很难理解后面更深层的机制。

我不仅要向西方建筑学界介绍建筑师的作品和思想,更多的是要反映在中国现当代的状况下,这样的作品如何和背后的生产机制相吻合。

因此我提出了"迈向批判的实用主义"的观点。这个词不是我创造出来的,严格来说,实用主义理论的首创者应该是美国哲学家杜威[11](John Dewey)。他在五四时期就到了中国,在北京大学等很多大学里面做了演讲。他对于中国的现代主义启蒙起着非常重要的作

图 7、8　2016 年哈佛大学 GSD 秋季主展览展场照片

用。比如"不管黑猫白猫,抓住老鼠就是好猫",其实就是一种实用主义的理念。

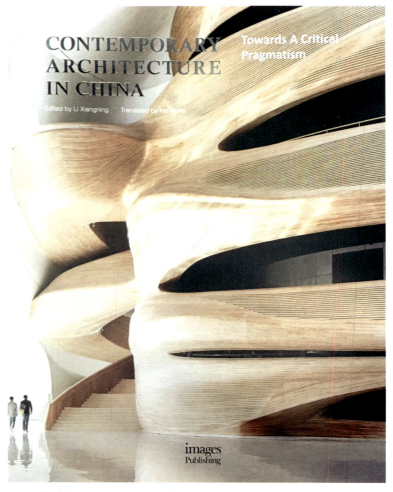

图 9 《当代中国建筑：走向批判的实用主义》(Contemporary Architecture in China: Towards A Critical Pragmatism) 封面

但建筑设计如果只流于实用主义，也会是一个很大的问题。所以我想向西方学界传递这样的信息：一方面，中国建筑必须实用，因为中国建筑师的相对优势之一就在于他能有更多的机会把建筑造出来，这是他必须抓住的机遇；但如果中国建筑师只讲实用主义，而在批判性、学科的自主性上没有向前探索的话，中国建筑是没有未来的。因此我想呈现在这种实用主义的状态下，这些建筑师如何通过在地的、局域化的、小范围的"抵抗"，将房子造起来的同时，又能够把观念往前推动，继而推动建筑文化的发展。

这种双元关系跟莫森·莫斯法塔维（Mohsen Mostafavi）的"立足脚下的远见"（Grounded Visionaries）有异曲同工之妙。莫森首先要求乌托邦（Visionaries），再要求接地气（Grounded）。而中国可能先要满足实用主义，然后在这个基础上实现批判性，但两个概念最后是殊途同归的。在这个意义上，我希望换一条路径，令西方的观众和学界了解中国建筑在当代更真实的状况。

GARLIC：
我们之前有提到，（建筑）评价体系应具有当代性，同时也不能脱离中国的文化与社会背景。那么在您看来，中国想要实现一个更为成熟的评价体系，现在最大的挑战是什么呢？

李翔宁：

我认为如果采用一套全球通用的，放之四海皆准的评价体系来讨论中国问题，往往会丧失它的更大的参照性。

比方说，我们通常会讨论建筑的品质，讨论如何将建筑做得更精致，但实际上中国和西方有着不同的品质参照标准。举个例子：中国传统木构建筑中木料所能达到的尺寸精度，跟西方的传统石材，以及现代主义建筑中的玻璃和钢的精度是完全没有可比性的。但这种粗糙的质感，是不是可以成为中国传统建筑的一种品质？这种粗糙的品质在什么程度上是能够被接受的？

比如相比给自己的工作室做豪华装修，或采用被精确切割的钢或石材，艺术家可能更愿意用毛糙的混凝土、甚至是表面有结疤的木头，来达到一种更自然自发的、带点粗糙的状态。在这种情况下，品质是可以向手工、随意性和可变性开放的。这是中国建筑可以挖掘的一个方向。

与此相关的另一个问题是：在当前中国的社会条件下，我们可能需要在两年内就把一个房子建成，但五年以后它就可能被拆掉。在此状态下，我们是否有必要把它做成像瑞士银行那样的建筑，以昂贵的材料和精细的手工，达到对所谓"品质"的追求？

综上而论，评价中国建筑的品质应当有一些不同的标准，而不是用别国同样的标准。

以王澍的作品为例，有人会批评他的一些作品施工粗糙，或者有些节点设计不如其他大院里的设计师设计得那么精确。但可能就是这种粗糙的状态，让国外的建筑师和评论理论家们看到了建筑的深刻的力量。

一位瑞士的建筑师的评论说，当代瑞士建筑师设计的都是被建造得十分精准的简单盒子。虽然施工的质量很高，但已经丧失了创造足够打动人心的空间的能力。这反映出一些中国建筑中所存在的原生的、粗犷的、粗糙的状态，这些状态本身是具备价值的。因此我希望我们能发掘出一套讨论中国建筑用的独特参照系和评价系统。

图10 《中国建筑》2018（*Architecture China* 2018 秋季刊）封面

GARLIC:
您觉得有没有什么立法或是政策方面来支持做这个事情？

李翔宁：

我觉得不应该用法律这种严格的手段规定它，而应从一套理论系统出发，比如说用粗野主义去重新建构它的价值。

混凝土可以做得很粗糙的，但目前在国内一些评奖系统里面却不被接受。比如之前我们用建筑师张斌的作品——同济大学建筑城规学院的C楼去申请鲁班奖[12]。但由于建筑的室内主材料是毛面的混凝土，没有贴木头，也没有刷涂料，评选机构便认为这样的室内施工误差很大，达不到精度标准，属于室内没有完工，不能去参加鲁班奖申报。

这反映了我们对于品质的认识。由于过度追求这种可计量的品质，建筑美学或是建筑理论上的一些可能性就被牺牲掉了。所以我很希望将这些可能性重新挖掘出来，但并不是用法律法规框定的定理，而是建筑师在文化上的一种探索。

GARLIC:
对于很多在海外尤其是欧洲及北美学习建筑、规划、景观的同学来说，他们毕业后都决定回到中国来发展，在实践的同时也能将他们在海外所学传授给国人。但是他们同时也发现了一些阻力，首当其冲的是如何平衡西方文化和东方文化带来的冲突。对于这个问题您想对这些同学说些什么吗？

李翔宁：

我认为这是一个十分重要的问题。我在哈佛大学课下也跟学生们讨论了一个与这个问题相关的议题——我们中国学生在国外学习的时候，如何处理好中西这两种不同文化之间的关系。

我觉得今天去国外学习的学生们应该有这样的意识：当你在人生旅途中走了很远的时候，你所看到的和想象的这些风景，实际上都是你家乡的投射。例如在读卡尔维诺（Italo Calvino）[13]的《看不见的城市》（*Invisible Cities*），你会发现虽然他写了很多城市，但这些描写实际上都源自他的家乡威尼斯的某一个方面，都是从某一个方面衍生出的关于城市的整体印象。今天当我们在读万卷书行万里路的时候，虽然学的是西方的理论和传统，但最后都要回归本源，都要考虑中国的问题。

从另一个角度想，虽然我们现在的学习途径和学到的具体技法是不一样的，但中国和西方的很多理念在哲学上是共通的。譬如谭盾在谈论约翰·凯奇（John Milton Cage Jr.）[14]的《4'33"》时认为，从某种意义上说，这部作品是中国的老庄哲学在当代音乐艺术观念中的投射——它为观众提供了一个聆听和享受空无和寂静的机会，一方面体现了老庄哲学中对虚无、空无的意境的追求，另一方面也与现代欧洲的很多哲学理念，例如现象学中的理念共通。

因此我认为不要在一开始就界定，觉得"我就是来学习西方的"，或者"我以后要走一条西方的道路"。那这种话说得太容易了。做学问做到最后，追本溯源都需要讨论我到底是谁这个问题。对我自己而言，我是中国人，中国文化是我的根，我走遍全世界是为了更好地认识我自己。我不是要去解决美国的问题，不是要去解决欧洲的问题，我要解决的是中国自身的问题。

作为中国建筑师，如何理解自己的身份，如何看待自己的所学，这是对于在国外学习的学生来说非常重要的问题。

GARLIC:
我们如何取得更大的社会影响呢?

李翔宁:

我认为建筑这个学科介于两极之间:它不是纯工程技术,但跟文化艺术类学科相比,它又非常依赖于整个社会生产系统。

当代中国的文学、书画和音乐都能比建筑更早地走向国际舞台,就是因为这些艺术门类的从业者有更多的自主性。比方说一个画家画画,只要他的艺术素养足够高潮,技艺足够精湛,就能成就高水准的画作。

但是建筑就不一样。中国建筑师的作品之所以很晚才走向国际舞台,就是因为它跟整体的生产力水平是紧密相关的。再好的思想,没有材料和技术的支撑,也没办法成就一项好的作品。所以建筑是一个非常依赖于生产力条件、政治环境、社会背景、经济水平而生存的艺术门类。它不是一个纯粹的自主性的学科,它是一个半自主性的学科。

当代的建筑师越来越关心社会问题。例如亚历杭德罗·阿拉维纳(Alejandro Aravena)[15]和坂茂(Shigeru Ban),普利兹克奖的评审就很关注建筑师的社会责任。在这些建筑师的实践探索中,建筑不再是一个静态的作品,而是一种推动社会发生改变的机制,它成为活的社会系统的一部分。

亚历杭德罗·阿拉维纳就在从事这方面的实践:在一个为穷人造住宅的项目中,他不仅仅满足于为这些贫民家庭提供一个可供睡觉的住宅,而是思考如何能通过这个住宅提升他们对生活的积极性,刺激他们自发地改善自己的生活水准。他最后搭建了"半屋",这是一个半成品,既满足贫民家庭的基本生活需求,同时也为之后的加建预留了空间。如果住户再多挣一点钱,就可以加个顶或墙,居住空间就可以大很多。

思考如何通过建筑改善社会问题,我认为这是非常重要的实践方向,我们的建筑事业也应该越来越多地考虑到社会的需求。

GARLIC:
您认为如何提升我们的教育体系,使得更多有才华的设计师得到合适的教育,进而有更大的能力来解决 21 世纪这些更为复杂的、棘手的城市问题?

李翔宁:

从教育的角度来说,建筑、规划、景观所涵盖的知识十分广泛。如果要画一条轴线,轴线的一头是历史和文化的维度,另一头是新技术的维度,那么中间则是日常所见的,设计流程中涉及的繁杂的知识。

我认为现在的学术研究,包括教育和讨论,集中于中间维度太多了。多数人会从传统当中挖一点非常肤浅的内容挪过来,再从新技术中提取一些内容挪用到中间维度,以此形成了一个大集合。但这是最大的生产平庸的源泉,我们既无法在技术上领先,又对传统这一块的挖掘不够深刻。如果我们能将这个纺锤形的知识结构往两端拉伸,那么一定能对未来的建筑、规划、景观的教育带来极大的好处。

文化层面,已经有越来越多的中国建筑师开始探讨,前沿技术方面的研究,中国也有在做,例如我们同济的袁烽老师在参数化(parametric)和数位制造(digital fabrication)这方面也做出了很多成绩。

图 11 袁烽作品——红亭

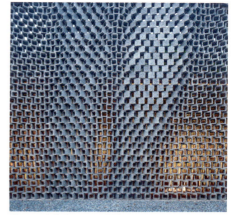

图 12 袁烽作品——绸墙

这当中包含的问题是：在未来应该如何实现新技术的产业化，使中国能够真正在这个领域中居于领先地位。我们可以考虑降低数位制造的成本，创造价格优势，同时我们还要建立一套自己的系统，比如节能系统。

研究文化和历史传统的人，要挖得更深；研究技术的人也要往前走得更快。以此将这个纺锤形变成一个更充实的知识系统。这是未来的建筑、规划、景观的教育面临的一项重要挑战。如果能够解决好，我们的整体教育水平必定会有一个跃迁。

专访

图 1 李振宇教授

李振宇，同济大学建筑与城市规划学院前院长，教授，博士生导师。国家一级注册建筑师，兼任国务院学位委员会学科评议组建筑学组成员、住建部科学技术委员会建筑设计专业委员会委员、柏林工大客座教授、上海市建筑学会副理事长、中国建筑学会建筑策划与后评估专业委员会理事会副主任委员、中国建筑学会学生工作委员会副主任委员、中国建筑学会建筑教育分会秘书长等职。主要研究领域为住区规划和住宅建筑设计、外交建筑、中外建筑比较、共享建筑学等。出版著作《空中读城》《柏林住宅》《城市住宅城市》等多部，发表论文百余篇。2018年获评上海市杰出中青年建筑师。

采访时间：2017年01月06日
采访地点：同济大学建筑与城市规划学院院长办公室

GARLIC:

您本科毕业于同济大学建筑系，研究生师从陈从周先生，据说您每周都有机会听先生讲历史，也做过许多场地测绘、古建筑调研等。博士期间在德国柏林工业大学进修，师从彼得·海尔勒（Peter Herrle），重点研究了柏林住宅建筑，在此期间您深受彼得·海尔勒教授的"类型学贡献"的影响。请问您的两位导师对您最大的改变是什么？

李振宇：

我 1981 年考入同济大学，攻读录取分数全校最高，且建筑系首个用一年时间学习德语的五年制"第一班"。这个班带给我很多启发，因为班里优秀的人多，所以你要思考你在这个班里有什么比别人更优秀的地方。我发现我的长处是热情，愿意主动去张罗事情，由此我成了"青年建筑学会"（现更名为"未来建筑师协会"）的创始会长。我第二个长处是爱好文学，文字功底好，于是在 2016 年出版了小书《空中读城》，我自认为摄影不如构思，构思不如文字。能让我佩服文字好的人不多，我认为王小波、钱钟书、鲁迅、陈丹青的文字很棒，我不断努力追求好的文字。

本科五年学习结束后，我师从陈从周先生读研究生，期间我的文言文论文《第宅园林的作用和意义》得到了陈先生给的最高分 85 分。中国建筑是被身份等级牢牢控制住的，因此园林成为建筑的补充。它从四个方面来补充：一是从空间上看，住宅的规范和形制被严格控制，但是园林可以突破这一点；二是园林相比于建筑，在内容上可以拓展；三是园林可以打破建筑布局的秩序，建筑和园林是相辅相成的，如果没有建筑的秩序就不会出现园林，如果没有园林，建筑的秩序也不会持久，这是二者关系的关键点；最后一点是园林在功能上注重延展——古人在住宅里的行为方式有一套秩序，但到了园林里他们可以稍加放松。比如一个诗情画意的青年人在父母那里需要规矩，但在园林里他可以请朋友来作画喝酒——这些就是我论文的核心内容，这篇论文对我后来的研究工作帮助很大。

陈从周先生当年曾说过一句对我影响很大的话，他说"李振宇是个聪明人，但建议我做一点'笨事'，只有做一些'笨事'，才能把我的聪明用好。"我读本科的时候不愿意去做很花时间的事，但我现在很感谢老师,因为我养成了愿意用别人两到三倍的时间去做一件事的习惯。

1989年工作以后,有几件事对我影响很大,一是我做过两年同济室内设计公司的副经理,做很实际很具体的工作。我学会了做预算,跑工地,怎么把诗情画意的东西落到搞项目建设,从文艺青年变成了一位跑工地的建筑工程师。二是作为国内第一批507个考过建筑师的一份子,当时全国考过了507个,我是其中一个,这件事对我鼓励很大。此外,我额外教了七年的专业德语,不要学校发的课时费,让我教就行,因为我认为把德语忘掉很可惜,所以我用教书的方法把德语维持着记忆和应用。于是"做笨事"又帮了我——1997年同济大学有两个公派出国攻读博士学位留学生名额,有40多人在竞争,对我帮助很大的郑时龄教授当时担任副校长,把其中一个留学生名额给了我。他认为李振宇教了七年的专业德语,学校应该公派他去国外留学。1999年我出国去留学了。我的导师刘云教授很信任我,给我提供了很多宝贵的帮助,给我很多独立思考的机会。

1999年4月21日我到德国留学,2001年4月27日我留学结束学成归来。可以说,两年来的留学生活对我的帮助非常大。我和我的导师彼得·海尔勒(Peter Herrle)教授建立了特别深的友谊。教授有着德国人的绅士做派,特别挑剔,但从不会直接批评你。他对我没怎么挑剔,也没有批评过我,总是鼓励我。我得益于当过十年老师的经验,更得益于海尔勒教授对中国学生的友好和关心。我以老师的经验去做学生,如饥似渴地勤奋学,就是为了实现我的目标——两年后学成归国回到同济,用我的学习成果回报学校的知遇之恩,为祖国的建设贡献力量。

我和海尔勒教授第一次谈话时,拿笔在纸上写了五个问题。一方面,我怕自己的德语不够好，产生口语误解，造成信息流失，写在纸上会更有把握；另一方面，写在纸上的问题，他一分钟就能看完，有了思考时间，回答也更充分。我的五个问题是：

1. 如果我选择"柏林和上海的住宅发展"作为题目，您认为合适吗？
2. 请问能不能给我开一个书单？
3. 请问能不能给我一个参观案例的目录？
4. 我在中国已经教了十年书，我能不能帮您做助教？我愿意义务来上课。
5. 我在中国做了一个住宅的设计，反响比较好，但是只做了第一段，第二段那块地能不能拿来做我们学生设计的题目？

海尔勒教授原计划跟我谈一刻钟，在看完我提的五个问题之后，跟我谈了一个小时。后来，我做了赫里教授的助教，配合他上设计课，得到了他充分的信任。

在德国的那两年里，我做了好几个事情：去了 120 个城市，包括 60 个德国城市；看了 800 个住宅项目，拍了两万张照片，做了 6 次专题报告；还带了两个学期的课。柏林又是一个特别棒的城市，我心目中 20 世纪最著名的 100 位建筑师至少有 80 位在柏林有作品，不同时代的大师的观点都呈现在柏林的建筑当中，给予我耳濡目染的影响。这两年的思考和学习给予我的帮助特别大，我就像老鼠掉到米缸里一样如饥似渴地学习，那种学习的劲头直到今天回想起来仍然觉得挺有意思的，但如果你问我，什么是在德国留学的两年间我学会的最重要的东西？我的回答是类型学贡献（Typological Contribution）这个词组。

关于类型学[16]的贡献，我个人认为有两个向量上的解读——从工作范围上讲，类型学的研究相当于中观的东西。微观的是细部、建构，宏观的是城市设计，包括城市文化。类型学是对形式、空间、功能三者之间关系的研究。如果不看材料，几乎所有在人的尺度下的设计创新都属于类型学的范畴，阿尔多·罗西（Aldo Rossi）、斯蒂文·霍尔（Steven Holl）和雷姆·库哈斯（Rem Koolhaas）也做过很多这方面的研究。柏林IBA（柏林国际建筑展，1984—1987年）几百个作品中，类型学创作方法对我的发展影响巨大。直到今天，我在每一个设计项目中都会做一些类型学上的创新与变化。而从广义或哲学层面讲，类型学的贡献是另外一回事。

我很欣赏罗素的这句话："人们所做的工作只有两类，一类是改变物体的形状和位置，另一类是让人改变物体的形状和位置。"对于人的行为和生活来说，每一个人都要在一个场域中扮演自己。比如有四个人去旅行，那么四个人应该是有不同的分工的。比如甲买单，乙拍照，丙制定路线，丁活跃气氛。这样我们每个人都在里面扮演着有各自特色的角色，而不是匀质的。罗素还讲过"什么是美好的世界，美就是同一种的参差多态。"此言给予了我工作的动力和热情。对于我的每一项工作，我一定要思考如何开展好每一项工作，如何在达到平均水平的基础上做出自己的特色。无论是接受采访，还是做展览、做设计、写书，我都希望和别人不一样，我希望从形式到内容，再到串联的方式，都有类型学的贡献。因此"类型学的贡献"已经成为我的招牌口头禅，在我们学院里，只要一说到类型学的贡献，同事们就朝我看。"类型学的贡献"已成为我生活和工作的信条。

GARLIC:

我记得您提过有一个说法叫寻找意料之外，就是例外、或者说惊讶。请问这种惊讶，在中国这种特定的背景下，您觉得哪些是意料之外的发现？

李振宇：

我小时候读过一篇文章，讲的是一个研究创造学的老师在一次飞机事故中，空姐让每个人留遗书，他就留了四个字："创造万岁"。我的想法很受我爷爷的影响，他是一个江南普通文人，特别喜欢读古典文学，跟我讲《古文观止》，讲怎么写文章。讲到文字的时候，他所欣赏的就是"情理之中，意料之外"。

这个理念对我有很大影响。我不是那种"我就是要反叛，就是要什么都跟你不一样"的大艺术家做派，而是江南文人那种比较和顺的一种形态。"情理之中，意料之外"是无所不在的。例如我们炒一盘青菜炒肉丝，放入常规的食材和调料是情理之中，但能不能在里面加点豆豉？可不可以拿点芝士放进去？或者加黄油再试试看？这些就是生活当中的"意料之外"，这就是我们建筑师工作的重要内容之一。

拿我做得较多的住宅设计举例。住宅设计有所难处，它与博物馆不一样，博物馆里可以有一些空间比较次要的部分迁就重要部分。但每一套住宅对这一家人来说也许就是半个世界，因此设计的每一套房子都要在情理之中，但这不意味着我们要满足于设计上的平庸。我认为做建筑设计的人都要有理想，为了自己的作品，应该不断地追求更好，因为这是你自己的作品，是你给别人也是给自己的礼物。

以我曾做过的福州天元花园项目为例说明。园区内有个小山包，我便将小山包留住，做了一个三合院架在小山包上，山上山下各有一个庭院，两庭院可以彼此回望。侧面是两套住宅。甲方认为这两套住宅朝向不好，想拆掉，为了保住这两套住宅，我跟甲方反复谈了10次，其中有好几次都是我自费从上海飞到福州去找他们谈的。我将它看作是建筑师为了实现自己的理想而要付出的代价。

我的朋友蔡永洁的老师说过："什么是好的建筑师和差的建筑师？好的建筑师能抵抗诱惑，而差的不能。"什么是诱惑？比如成本的诱惑、赚钱的诱惑。伍江教授还说过"我们现在批评建筑城市多么难看，总说长官意志、公众审美，但是别忘了所有难看的房子几乎都是建筑师设计出来的。"建筑师中确实有很多人顶不住压力、经不起磨，最后妥协了，于是在妥协的过程中就失去了自己的原则。我也有很多很多妥协的地方，但至少要给我留一点"类型学的贡献"的地方。去年我们设计了一个"宅语"的系列，"捧屋""雁屋""田屋""帆屋""围屋""合屋""架屋""紧屋"八种类型创新，最后反反复复协商，终于有三种已经在宁波华侨城项目中施工了。这个系列入选了2019"上海空间艺术季"展览和2020威尼斯双年展中国馆展览（可惜因疫情展览推迟到了2021年）。

要做到"情理之中，意料之外"，首先要有责任心，就是职业道德，在面对金钱诱惑时，在和客户繁琐沟通的过程中消磨时，能否坚守住自己的专业底线？所有好东西都是排除千难万险做出来的。李白是少数，大多数人都是"两句三年陈，一吟双泪流"，是慢慢努力出来的。"人人心中有，人人笔下无"的境界是更高的境界，能否拥有这个境界要看天时、地利、人和，但我们能通过自己努力达到第二个境界，就是"情理之中，意料之外"的。

图2 "捧屋"设计图(合作人:宋健健、邓丰、王达仁、卢汀滢等)

图3 "雁屋"设计图(顾问:成立;合作人:徐旸、陈曦、肖国文等)

GARLIC:

中国城市化的影响在空间尺度和时间尺度上都是人类社会前所未有的,上海大都市群也是中国城市化完成度最高的城市之一。请您结合过去几十年城市化进程中获得的经验教训来谈一下:中国如何更好地控制历史保护和城市开发之间的平衡?

李振宇:

我们中国在城市化过程当中,有一个非常鲜明的优点和缺点。

优点是技术的快速整合,在短短的几十年就能把所有东西都学会并建设好——规划、道路、配电系统、下水系统都有了。并且中国还将西方较为精湛的技术"普通化",使其大大降低成本,加快速度,可以让更多人享受。

苏联建筑历史上有两种不同的城市建设思路,在东欧建筑界被称为"斯大林式"和"赫鲁晓夫式":斯大林式是"让劳动人民住上宫殿",所以造出的房子对称华丽,但造价是普通建筑的数倍;而赫鲁晓夫式则强调完全的装备化、工业化、标准化,价格相对低廉。两种完全相反的建筑理念同样都是极端的。前者是同现代主义的理想背道而驰,而后者则是将工业化标准化当作唯一取向,忽略了人的其他需求。相比之下,中国利用当代的工业技术,兼顾了广大人民的需求同时又实现了快速发展,这是十分了不起的。

在我们城市化刚起步的时候,即使比我们年长的老师也都是经验有限的,但是没过几年大家都能很熟练了。所以联合国人居署的前执行主任安娜·蒂贝琼卡(Anna Tibai Juka)就说:"规划要向中国学习,他们的规划是道路先行,然后七通一平。他们是协同的工作,缴费后什么都为你配置好。而我们(非洲)这里房子没有下水道,马路旁没有电线杆。"所以中国从技术上来说真的很成功,而且快速制定了城市规划管理建设规定,日照、绿地、间距、防火、卫生条件都有了保证。

一个缺点是条块分割。这在最初的时候它是有先进性的。例如，中国在改革开放之初城市绿地特别少，当时的中国城市里，例如上海，每人平摊到的绿地面积只有一张报纸这么大。为了发展城市绿地中国实行了承包制。倘若想开发，就要交出 10% 的集中绿地，30% 的绿地率，这个数字马上就对城市有了贡献。所以这确实解决了很多指标上的问题，比如住房解困与提高城市绿地。很多人在批评住房市场化的时候，没有看到它对住房解困的极大的贡献，它用市场的方式解决了一部分社会问题，拆迁以后再摊派给居民，覆盖率不能超过 22%，但绿地率必须达到 35%。这样一来就成型了，而且效果很好。

但问题是法规一旦成型之后就逐渐僵化。今天上海人均绿地已经到了一间房间这么大，可是规范不能改了。现在如果想像欧洲城市那样将覆盖率调到 40%、60%，所受的阻力实在太大了，规划局、园林局还有其他的开发商等各方面都平衡不了。此外在中国的大多数地区，高层住宅的日照、朝向、通风其实是更舒适的，因此大家也慢慢习惯住高楼了。

这样一来，承包就带来了问题，而历史街区受到破坏和影响主要是因为承包。因为这块地是有潜力的。原来它容积率比较低，或者原来是农田，既然收了配套费，而且是土地出让，通过自我经济循环，这块地就是有价值的，于是各方的利益都集中在这里，因此这一块地里面就要出产相应的不同资源，比如历史建筑也可能被包含在土地开发中没有被分离，这就产生了问题。像德国，如果是历史建筑保护地区，它会有欧盟的、联邦的、非政府组织的专门资助，大家不靠这一块地挣钱，所以它能平衡发展。所以当社会发展到一定的程度时，计算单位不能太小，太小了以后就是小而全，就没有了社会的协同分工发展。

对于中国的城市化，若只提一个优点，那一定是快速形成了技术型集成。据说20世纪80年代末，造上海商城这一个项目，就用掉了全上海一半的模板。但是今天上海仅仅是高层住宅就有7000多个，由此可见中国技术的发展、大规模复制的能力真的很厉害。一个缺点，便是没有协同，条块割裂，且随着政策法规越来越细化，各部门之间也越来越僵化，这是十分不利的。在美国或欧洲，他们在法规上有一定的灵活性，比如德国城市的发展有一个基本规定，这个规定原则上都是要被遵守的，但是城市设计可以在专家认定的情况下有所突破。比如柏林的城市设计，大家认为这个区里面不能造高层，但最后竞标第一名的方案，设计的大多数都是低中有高的，方案也可以通过；再比如波茨坦广场，原来约瑟夫·保罗·克莱胡斯（Josef Paul Kleihues）规定的是新建筑檐口高度不超过22米，但实际中间高于22米。因此需要工具来平衡法规和设计，尽量不要一刀切。但是我们为了发展，总是避免不了"一刀切"，这是城镇化发展当中的一个问题。

GARLIC：

中国城市设计的理念正在逐步发生转变。过去我们向往大马路、大街区，城市设计也以大为美。现在，各地都提倡小街区、窄马路。在您看来，城市设计由大到小的尺度转换在时间的维度上如何更好地贯彻和实施？原有封闭的小区逐步开放以后如何协调小区内与外的关系？规划设计在立法层面又将如何支持这一变化？

李振宇：

总体来说，我很支持小街区、窄马路、开放社区。

对我影响比较大的一个人是克莱胡斯（Josef Paul Kleihues）。我去德国的时候，恰逢柏林国际建筑展（Internationale Bauausstellung，简称IBA）10周年，正好是成果全出来的时候。IBA是一个于1984—1987年间在柏林实施的城市更新计划，完成当年刚好是柏林城建成的750年，这是当代建筑史上一次空前绝后的建筑创作事件。IBA就是由克莱胡斯主导的，对我的影响深远。后来我与克里斯蒂安·德·波赞巴克（Christian de Portzamparc）[17]又有交往，了解到波赞巴克的开放社区观点与克莱胡斯既有相似之处，也有截然不同的地方。波赞巴克认为现代主义的规划成果不能全扔掉，要在现代主义和历史街区当中找到一个平衡点，因此他赞同小马路、密路网与小街区。但他赞同的小街区不是连续的、空间上闭合的，而是开放打破的，可以有高层的；连续的小区不是封闭的，人可以穿过去，只是界面看起来是闭合的，但其实它是开放的。

我认为最典型的封闭社区不在中国，而是在非洲。比如说内罗毕，它的街道基本只有围墙、绿化。只有当你走进它的内部，才会看见大草坪、别墅，它的公共空间和半私有的空间完全是两个世界。新加坡又是另外一种类型，凡是私人投资的都是封闭的，凡是公共财政投资的全是开放的。欧洲最典型的开放社区我认为是德国，德国几乎每一个住房街段都是开放的；西班牙大致上是把你挡在外面的，它内部是共享的，但外部人员一进去就会被注意到；法国则是封闭开放各占一半。

而说到中国，我个人认为中国的城市被市场化引导走向了一个极端。我认为好的城市是统一中的参差多态，具有混合状态，不是绝对的开放，也不是绝对的封闭。好的城市应该给予人们多种选择。而中国的房子都是预售的市场化的自有住宅，于是在市场化发展的过程中，所有的广告和销售行为都在诱导人们变成精致的利己主义——"看你的房子多好，大小区、大绿化、封闭社区，住得越高视野越好，人家不挡你，你挡别人无所谓"。但是从城市和谐发展的角度来看，只讲权利不讲责任是不恰当的。

我认为城市建筑至少要为三种人服务：第一种是住户，这是最直接的服务对象；第二种是周边邻居，要对周边负责；第三种是访客和路人，哪怕不是这个城市的人也得负责。"纽约不是纽约的纽约，纽约是全世界的纽约"，上海也不是上海的上海，上海是全中国、全世界的上海。住宅这样的空间资源，是人类集体的智慧，你花钱买到的只是空间的使用权，并不意味着你能决定一切。因此，我认为现在来提小街区、密路网、窄马路、开放社区，十分具有正面意义。但是我也提个补充建议，就是"法不溯及既往"——以往的事就尊重现实，让它过去；新的事物通过引导，让人做选择，逐渐向更好处发展，这样以后人们还可以选。就像最近德国新建的"共同住宅"，它是一个开放的连排住宅，行人能穿过去，但是它又非常有个性，每个人都能自由选择是身在大院、封闭小区或是高楼。所以开放和封闭需要一个平衡，平衡不仅对住户负责，还对周边的其他人负责，也对游客负责。如果我们达到这个程度，有这样的一个导向了，我相信开放社区一定能做好。

现在要开放很容易，就是让政府可以在出让土地时将地块划小。过去划不小的原因有两点，第一是追求效率，以大为美——引进大开发商、引进大项目、搞大地块，这样效率高。在相同周期里，做100公顷和5公顷的项目花的是同样的精力，自然是大地块的效率高；第二个原因是地块越大，政府承担的责任就越小。政府的利益和开发商的利益是互相匹配的，但这之中缺少了旁人的监管。凭什么这么大一块地完全没有城市道路？

城市这个问题很有意思，我的老师海尔勒先生还说过："如果把一个航天飞机送上天，牵涉到的因素是 10 的 9 次方；如果治理和建设一个城市，牵涉的因素就是 10 的 10 次方。"这个问题的复杂程度、因素的多样化比航天飞机还要复杂，因此不管是在规划还是在立法上，都需要多方位调配。

GARLIC：

中国在全球化中的位置是很微妙的，同时这种定位也带来了一系列问题（包括狭义的生存环境也包括广义的政治环境）。您认为青年力量在这个大背景下有什么特殊的责任？如何协同思想发挥力量？

李振宇：

现在的日本年轻人和原来的不同，过去日本人是非常"頑張って"，"頑張って"就是要努力，要住大房子，要买好车。现在的日本年轻人不想买房子，不想买车，不想结婚，就是说他们的价值取向在变化。我认为中国社会年轻一代的未来的价值取向跟我们这一辈人相比会有明显的变化。但我对他们仍旧充满了信心，我愿意向年轻人学习。

我觉得大学的好处是"p to p"。首先是人与人（people to people），年轻人与年长的人可以无功利、有组织、长时间的在一起讨论一个问题；第二是做研究（people to papers）。第三是人与项目（people to projects）。

大学培养人才很大一部分工作是培养他们的这三个方面，即怎样与人交往、合作、讨论，怎样表达；怎样进行研究写论文；怎样组织项目。例如像自主地创办GARLIC，跟以前被动学习的状态不一样，这是一个有组织，有目标的团体。我认为年轻人就应该追求非金钱化的梦想。在今天我们已经谈了太多的钱，这样的成功学讨厌又无趣。

2015年5月11日亚特兰大的AIA大会上，彼得·埃森曼（Peter Eisenman）被授予了教育奖，这个时代仍然需要英雄，而不是明星。英雄是新的挑战，新的梦想。今天的年轻人还是要有英雄主义的，要有堂吉诃德精神，要肯奋斗。理想最重要，当你越过了一个生活的基本的阈值以后，钱真的不重要。人生只有一次，要好好活出自己的特点、活出自己的精彩、要有自己追求的东西。年轻人的责任，就是要把自己的聪明才智和跟时代相关的技术、信息，化为自己的共性与才智。我们的人生不是为了挣钱挣名的，而是让我们自己充实高兴的。因此年轻人的责任就是把自己的聪明才华才智以不同的方式来绽放。不论你选择做什么，都要有自己的梦想。

2015 年，美国建筑教育协会的主席 Min Fang 访问同济大学。在美国的毕业生当中，建筑学学生就业率不算高，也属于偏低收入，但是报考建筑系的人始终非常多。美国有大概 130 个建筑系，中国的建筑系大概翻一番，大概 270、280 个。为什么有这么多人去报？经统计，主要有三个原因。首先，超过 50% 的回答是想对人类居住环境作出自己的贡献，即自我价值的实现；第二是这个工作具有创造性；第三就是学建筑的人往往都可以自己做老板，这种工作状态也是很多后现代美国人所喜欢的。因此他们要学建筑，即使拿不到足够的建筑委托也可以做小事务所。我认为这三种回答都支持这个观点，即——青年在这样大背景下应该有自己的责任。

此外青年人还要分析自己所处的生存环境与家庭环境。每个人还有各自的家庭责任，如果你的父母还在过着很艰苦的生活，你跟我谈情怀，我是不赞成的，我认为你得赶紧融入社会然后回报父母。但是如果父母不要你养，那你为什么不能多做一些对社会有贡献并且你自己很享受的事呢？

这就是我对年轻人责任的回答。要追随内心，但也要因地制宜，不能千篇一律。

GARLIC:

现在的就业形势和市场都不太好,很多优秀的青年设计师因为要养活自己都纷纷转行,针对这一情况,您有什么想对还在读设计专业或者还在做建筑设计的青年设计师说的?

李振宇:

我认为转行很正常,因为我们要以常态化来看建筑学,建筑学跟艺术学、历史学、文学、音乐是一样的。学音乐的人难道一定做作曲家、一定做钢琴家吗?学历史的人一定做历史研究者吗?不是的,他可以是一个专家,也可以是一个通识或者自由派。

我把中国将来的建筑师就业画成一个大饼,一半人做职业建筑师,一半人做其他的。做其他的之中再分一半,里面有四分之一是跟建筑有关的,比如策展、设计、咨询、文化,还有一半可能是做无关的,比如去做政府官员、去做开发商、去做网络、做合作工作。做建筑师那二分之一当中也不一样,四分之一去做传统型,另四分之一可能是做延展的,做小工作室。我认为转行是正常的。

建筑学现在不那么热,对于建筑学这个学科来说未必是坏事,正因为不是那么热,所以来的人是真正喜欢的。我举三个例子,第一个例子是我们学校每年招272个本科生,但是我们会留出将近60个名额去接收从别的专业转来的。转来的人比留下来的人的平均成绩要好,因为他是下了决心来的。第二个就是,以前之所以那么多人都要高分考进来,是因为觉得建筑热门,出去好找工作,也许他并不是真心想学建筑,甚至有些是被家长逼迫着学的。尼采说"建筑是艺术之母",可以说建筑是一个综合的学科,但它不等于一切。我认为这就是"彼之蜜糖,我之砒霜"。第三个是就业,我认为对一流大学来说,学生不应该过多考虑就业,考虑就业就不是我们想培养的人。因此我们在转行这个问题上,我认为应该给年轻人第二次选择的权利。也许我们少了一个建筑师但多了一个数学天才呢?或者多了个哲学家、文学家呢?

GARLIC:

您认为设计师怎么样才能有更广泛的社会影响力？

李振宇：

我曾说服一位甲方修建了我设计的一栋很怪的楼，就是青岛长春花园的 16 号楼。当时这栋楼设计出来以后他们都不想建造，因为它是廊式的住宅，又是波浪形的立面，且建筑面积很大，他们认为卖不掉。于是我去跟房地产公司总裁讲，做房地产跟做银行、做股票同样赚钱，但是你能留下东西，做股票的人什么都留不下。做地产留下的东西代表了时代的一个节点，在这么重要的时代节点面前，你安于平庸、安于你造的房子与别人相同吗？总要做点与其他人不一样的事。最终甲方被我说服，同意我建造了这栋楼。我认为建筑是以不同的方式在对社会，对城市产生影响，而且它的影响是持续的。

一栋建筑大概 100 年寿命，有的更长，故宫 1419 年开始建造，到现在快 600 年了，皇帝都没有了但故宫还在，因此我认为建筑是不同的。

我认为设计师对社会贡献就是君子要自重。我们只有自己尊重自己，别人才会尊重你；我们每次都尊重别人，别人才会尊重你。

例如很多学生做介绍的时候，列举的建筑案例没有标注作者名字。虽然大家都知道建筑师是谁，但大家知道和你写不写是两回事，你得尊重别人的项目。写上建筑师名字、文献来源就是对作者地位和职业的尊重，你每次都尊重别人，别人才会尊重你。就像演奏完一支曲子，如果作曲家在场，指挥会把作曲家请上台来鞠躬致谢。然而在我们中国，一座建筑竣工后，建筑师却悄悄坐在角落里，这是自己没争取，争取也许就上台了，如果每个人都上台，也许就能成为一种格局。

图 4 青岛长春花园 16 号楼

GARLIC:
您近来主要关注哪些建筑问题？有什么新的设计项目？下一个努力的方向在哪里？

李振宇：

近三年来，我关注着一个十分重要的问题——"共享建筑学"。这个话题的提出，既是自己的追求"类型学贡献"的思考，也是受耶鲁大学教授埃森曼（Peter Eisenman）、墨尔本大学教授科万（Tom Kvan）和深圳市建筑科学研究院学者叶青的启发而来。简单地说，共享从古到今都有，大致分为"全体共享"、"让渡共享"和"群共享"三部分。进入21世纪，由于信息化的发展，共享经济的繁荣，个人移动终端改变了建筑使用的规则，建筑的"打开方式"有了全新的模式，"群共享"越来越壮大。由此，建筑的形式也将有很大的变化。形式追随功能，有可能演变为形式追随共享。线性延展，边界模糊，立面透明，公私重组，将是四种明显的改变。我有几篇论文涉及上述问题。

最近通过投标，我和团队赢得了中国民航飞行学院、海南陵水黎安国际教育创新试验区的规划和单体设计资格。我们努力尝试用共享的理念去呈现一些新的设计观念，当然也是面临很大的挑战。此外在住宅设计中，我们为华侨城宁波奉化滨海设计的"宅语"部分住宅即将完工，我很喜欢"捧屋"和"雁屋"，也喜欢有山有水的场景。

下一个努力的方向，也许是山水城市，山水社区。

图 5 中国民航飞行学院城市设计

图 6 海南陵水黎安国际教育创新示范园区城市设计

图 1　威廉·迈尔斯先生

威廉·迈尔斯（William Myers）是阿姆斯特丹的策展人、作家和教师。他组织了众多国际展览，强调科学进步和新兴技术对文化的影响。他的作品被《纽约时报》、《华尔街日报》、《史密森尼杂志》、《科学》、《人民报》和《圣保罗报》等媒体报道。威廉曾在纽约现代艺术博物馆、所罗门古根海姆博物馆、库珀·赫维特·史密森设计博物馆、都柏林科学画廊和鹿特丹赫特纽韦研究所担任多项职务。他毕业于纽约视觉艺术学院的设计评论专业。

采访时间：2021年08月20日
采访地点：线上

GARLIC:

您从 10 多年前就开始关注生物设计、生物艺术和生命科学，这是一个非常前沿的交叉学科。在您的研究之初，有哪些人和事帮助和启发了您？

威廉·迈尔斯（下文简称迈尔斯）：

我想到的人是爱丽丝·特姆洛（Alice Twemlow）和保拉·安东内利。他们用各自的教育和策展工作鼓励我拓展对设计和艺术的定义。特别是，保拉在纽约现代艺术博物馆（MoMA）组织了"设计与弹性思维"（Design and the Elastic Mind）和"与我对话"（Talk to Me）等展览，这些展览对我产生了重要的影响。而爱丽丝在纽约视觉艺术学院开始了一个新的设计评论项目，我也参加了这个项目。启发我的事件包括"基因空间"在纽约的启动，"基因空间"是美国第一个社区生物技术实验室，我支持它并为其授课。另外，我在库珀·休伊特史密森尼设计博物馆（Cooper Hewitt Smithsonion Design Museum）有了第一次策展的经历，这对我来说是一种成长，它教会了我如何组织展览与写作。

此外，我还应该提到一些启发我的书，其中包括《从摇篮到摇篮：重塑我们的生产方式》（Crandle to Crandle: Remaking the Way We Make Things）、《仿生学》（Biomimicry）和《太阳、基因组和互联网》（The Sun, the Genome, and the Internet）。

另一类启发我的活动是学习如何制作面包以及酿葡萄酒和蜂蜜酒的过程。这让我认识了酵母和发酵的历史。随着时间的推移，我掌握了这些艺术，并开始欣赏微生物的作用。这使我想到一个问题：在生物圈中还有什么是我们可以利用的，可以产生重要的产品、设计方法，甚至是新的文化实践？如果只考虑酵母，大约有 1500 个物种被认可，而这只是估计生活在地球上的物种的 1%。

图2 生长图案 – 艾莉森·库德拉（Allison Kudla，美国人），美国华盛顿大学数字艺术与实验媒体中心

图3 《生物设计：自然 科学 创造力》一书封面

GARLIC:

您撰写了《剪切 / 粘贴 / 生长》（*Cut/Paste/Grow*，2014 年）、《生物艺术：被改变的现实》（*Bio Art: Altered Realities*，2015 年）、《生物设计：自然 科学 创造力》（*Biodesign: Nature+Science+Creativity*，2012 年，2018 年修订版），从作者和策展人的角度看，这三本书之间有什么关系？它们是否代表了您职业生涯中思维的变化和发展？您能否分享一个具体的例子来说明这一点？

迈尔斯：

这三本书有一个共同点：它们介绍了艺术和设计的新兴创意形式。当我在写《生物设计：自然 科学 创造力》的时候，我的研究让我看到了许多艺术项目，这些项目甚至比设计项目更能考验新生物技术创新的界限。这促使我写了关于艺术作品的第二本书，这带来了两个学科之间的一个重要区别：在我看来，设计需要考虑并针对用户的某种用途，而艺术则不受这种限制，可以只用于自我表达甚至自我治疗。

在新的形式下合作的想法也是我作为作者和策展人工作的一个共同主题。在生物设计的案例中，它关于设计师学习与生命过程合作，把它们当作更多的工具或材料。对于生物艺术，有时也有这种合作，但是艺术可以在非生物媒介中，如摄影；重要的是，它评论或批判了我们与生物技术的关系。我工作中的另一个相关线索是对人工智能的研究，特别是艺术界的工作者，从诗人到舞者到画家，是如何与机器合作来制造新的形式和审美体验的。这是一个令人兴奋的领域，发展迅速，然而到目前为止，关于这个主题的出版物或展览数量有限。2016 年，我在都柏林的科学画廊组织了一个有关的展览。

从某种意义上说，我的大部分作品都在探索创造力的流动性质。它是一个概念，在不同的时间对不同的人意味着不同的东西。因此，它总是一个迷人的移动端目标。纽约现代艺术博物馆（MoMA）的第一任馆长小阿尔弗雷德·汉密尔顿·巴尔（Alfred Barr Jr.）的一句话以独特的方式捕捉到了这一点。这是他在 1946 年写的：

"艺术作品是人类经验的一个无限复杂的焦点。它的创造之谜，它的历史，以及它的审美、文献、情感和商业价值的兴衰，它与其他艺

图 4　生物米兰 – 斯特凡诺·博埃里（Stefano Boeri，意大利人），斯特凡诺建筑事务所，意大利

图 5　HI-FY- 戴维·本杰明（David Benjamin，美国人），生命体工作室（The Living），美国

术作品的无穷无尽的关系，它的物理条件，它的主题意义，它的生产技术，制造它的人的目的，所有这些因素都在艺术作品的背后，汇集在它身上，并挑战我们的分析和出版能力。它们应该被其他学者所了解，并被街上的人所理解。"

GARLIC：

您认为在这个新兴的研究领域，评价标准是什么？什么样的工作或项目是好的项目？

迈尔斯：

这是一个很难回答的问题，也是一个很好的问题！

评估一个项目的标准要取决于它的目的，因此，对一个建筑作品或一个实验性的原型会有不同的评判。然而，我可以说，如果在设计中表现出正念、同理心、创造性的方法，并考虑到所有的影响，那么它就是好的。另外，判断一些生物设计和生物艺术项目是否成功的另一个方法是调查它是如何被沟通和理解的：它是否帮助人们理解了什么，改变了人们对某个问题的看法，或者该项目是否能够使学生学习。如果是这样，我认为这也是一个成功的项目。

事实上，存在着广泛的有效方法。将生物设计这样的领域理解为与生物有关、为生物服务或关于生物的领域是很有用的。"与"（with）

图6　植物塔－费迪南·路德维希（Ferdinand Ludwig，德国人）/科尼利厄斯·哈肯布拉赫特（Cornelius Hackenbracht, 德国人）

生物有关的产品是利用生物创造新的制作方法，如使用海藻来制造地板或墙壁；"为"（for）生物的作品是使生态环境蓬勃发展，如创造一个海底物体让珊瑚生长，从而支持更多的物种发展；"关于"（about）生物的作品包括批评和猜测，甚至像科幻小说一样以生物技术为特征设想我们的未来可能是什么。

GARLIC：
您如何看待科学严谨理性的实验研究与艺术的感性表达之间的关系？生物学和艺术这两个领域的结合在社会发展中的作用是什么？您在这两个学科之间扮演什么角色？您对这两个领域的合作和融合的未来有什么看法？

迈尔斯：

的确，艺术和科学中的方法是不同的，然而它们可以相互补充。一般来说，我认为艺术和设计可以从新的科学中提取工具来制造新的审美体验，或者在设计方面实现新的功能。艺术有时也有其他的作用，那就是质疑发展科学和技术的系统，同时也帮助观众看到其中的利害关系。回想一下艺术的优秀作品，电影《加塔卡》（*Gattaca*，1997 年）现在已经成为经典，它帮助许多人掌握了基因选择或遗传工程的意义。至于学科的整合，我确实认为在一定程度上是健康的，然而我担心艺术家的创造性天赋经常被认为是科学或商业利益的商品。

理解这些差异的一个方法是把这些领域看作是运用了不同的语言和字母。当一个人能够用另一种语言思考时，会有很多收获，它可以帮助你思考你的母语的短语和基本含义，并认识到两者的局限性。然而，这些语言之间的一个重要区别是结果的可重复性和同行评审，这是科学的基本要素，是科学的语法。这些规则不存在于艺术中，也不应该存在；当然，有一些策展人、评论家和收藏家设定了一个被认为是优秀艺术的结构，但他们不断地在变化。

图 7　梅加拉亚的根桥 – 多个设计师，包括印度 Khasi 部落的人员

GARLIC:

在整合《生物设计：自然、科学与创造力》这本书的过程中，您是否遇到过什么困难？在写这本书的过程中，有哪些令人难忘的事情发生？您从写这本书中学到了什么？

迈尔斯：

写这本书的过程中，我认识了一些有助于塑造我的未来的人和想法。看到这些设计师把他们的事业做得更大，或者通过展览或博物馆收藏等新的方式得到认可，我感到非常荣幸。对我来说，另一个重要的经历是与同伴一起工作：安德鲁·加德纳（Andrew Gardner）和芭芭拉·埃尔德里奇（Barbara Eldredge）。他们帮助我研究这本书，并撰写和编辑了一些文字；从那时起，他们就在 MoMA 和谷歌工作，并一直是我们的支持者。

制作这本书的另一个难忘的经历是认识了位于纽约布鲁克林的大地一号（Terraform One）公司的团队和在生活建筑（The Living）公司工作的建筑师们。这两个组织都对生物及其在创造建筑环境方面的潜力有着远见卓识。他们帮助证实了我对"超越生物模仿"到实际整合的愿景。

图 8　牡蛎构造 – 凯特·奥尔夫（Kate Orff，美国人），SCAPE 景观建筑有限公司，美国纽约

GARLIC:

在全球气候变化、能源危机,特别是新的大流行病之后,生物设计能为世界做些什么?与其他类型的设计相比,生物/生态设计的优势是什么?

迈尔斯:

我认为生物设计比以往任何时候都更重要,因为它以一种负责任的方式与生物圈结合,可以帮助保护或增强生物圈。气候变化使工业和商业的"去碳化"变得更加迫切,使经济增长与生态破坏脱钩。这场新冠大流行提醒我们,拥有强健的体魄是很重要的,而其中的一部分就是要接触许多生物,从植物到土壤中的微生物,以获得强大的免疫系统。有很多迷人的研究正在进行,关于我们如何设计室内甚至室外空间,以支持那些有利于我们健康的生物体,例如,生物学和建筑环境中心研究机构及"生命体"公司(两者都位于美国)的作品。

气候变化是这些问题中最紧迫的,应该成为更多创新和投资的焦点。它可以被认为是一种保险;我们已经可以看到,从超级风暴和山火,到破坏数百万人生计的干旱,天气可以成为一种多么强大的破坏稳定的力量。未来必然会有更多的难民危机,人们逃离他们无法再安全生活的地方。这反过来又会破坏政府的稳定,给商业、教育和基础设施带来新的压力。从长远来看,所有这些的成本将是很高的,而且是不断循环发生的,所以现在投资于碳减排和碳封存是一个合理的行为。

图9 生命支持 – 雷维塔尔·科恩（Revital Cohen，英国人，出生于以色列）和图尔·范·巴伦（Tuur Van Balen，比利时人），英国皇家艺术学院交互设计，英国伦敦

图10 高空中的守护者 – 斯乔德·霍根道恩（Sjoerd Hoogendoorn，荷兰人）/本·德·凯泽尔（Ben de Keijze，荷兰人）

GARLIC：

生物设计/生态设计的未来是什么？您对现在的年轻设计师和艺术家在选择未来的研究方向上有什么建议和经验吗？在这个新兴领域，未来的就业领域是什么？

迈尔斯：

就业机会很多，而且在不断增加。我们可以而且必须用基于生物材料的系统和产品来取代基于化石燃料的系统和产品，这个想法终于被许多人接受了。现在，人们对改变这些现象的投资和兴趣越来越大，并支持那些正在进行这些改变的年轻公司。人们还应该意识到，在选择工作地点或投资公司时，在世界大部分地区，农业（食品）和医药（药品）的生物应用受到高度监管，可能很难进入，但在工业设计、建筑和材料技术领域，更容易获得工作和制造产品。

我确实可以提供一些实用的建议，包括如何开始，阅读哪些出版物，以及如果你是一个设计师或艺术家，如何认识科学研究人员。在托尼·周（Tony Chou）的《生物设计》一书中，有一章是关于这个的。这些内容也可以在生物学网站上免费获得。

至于对研究方向的建议，我认为至少了解科学方法和多个领域的最新发展是有意义的。这方面有一些课程，即生物学或生物化学的一般介绍。还有一些很好的书可以提供这方面的内容，如娜塔莉·安吉尔（Natalie Angier）的《精品集》（*The Canon*）。

图 11 混凝土蜂蜜 – 约翰·贝克尔（John Becker，美国人）/杰夫·马诺（Geoff Manaugh，美国人）

图 12 藻类实验室和菌丝体项目 – 克拉伦贝克和邓斯工作室，不寻常的设计者工作室，荷兰

GARLIC:
您最近孵化了一个新的21世纪博物馆（M21D），这是一个探索性的项目，打破了传统艺术博物馆过于局限的审美判断，突出了个人和技术作为主要拥护对象。那么您对M21D的未来有何计划和设想？

迈尔斯：

博物馆正在建立它的第一个伙伴关系，制订计划，并形成一个设计的集合来研究。我们发现很多人，甚至是博物馆的专业人士，都认为我们所做的事情是必须做的，为了使设计变得更好，邀请更多的人参与到关于设计的对话中。一个苹果手机放在基座上有什么用？我们正在研究设计的社会影响和环境影响，并推介那些最积极的作品。而且，我们致力于让人们的声音被听到，让用户的反馈成为将设计放在博物馆中进行评判的一个考虑因素。长期以来，博物馆只根据美学、技术创新性或文化影响来收集作品。如何研究他们的工作，如何使双方都能从合作中受益才是最重要的。

我们目前的一个项目是举办一个展览和出版书籍，是关于从未来的角度评估设计的。也就是说，想象一下现在是2100年，我们在看塑料瓶、网络界面或智能手机。我们可能会对它们说些什么？这是一个猜测的练习；我们必须首先描绘出未来的样子，在我们设计和制造东西的过程中出现灾难和改革。我们的预测是，我们放在未来的博物馆里的将是被证明有积极影响的设计。这也是讲述设计故事的一种有趣的、易懂的方式。

图 13 自然史之美 – 爱德华多·卡克（Eduardo Kac，美国人，出生于巴西），爱德华多·卡克工作室，美国芝加哥

图 14 编织和收获 – 戴安娜·谢勒（Diana Scherer，德国人）

GARLIC:
您曾在埃因霍温设计学院、纽约 MoMA 教授课程，并在很多地方策展。在您看来，面向未来的人才需要什么样的素质？现代高等设计教育学校的变化是什么？

迈尔斯：

我认为我们需要更好地教授如何与科学家等专家进行合作。"合作"这个词被用得很多，也许是太多了，而没有解释如何进行实际操作。许多学生养成了一些坏习惯，比如没有意识到他们必须了解其他专家的工作和兴趣，没有意识到他们必须找到一种使双方都满意的方法。幸运的是，这并不难教，只是即使你知道如何做也很难实践。通常，当我授课时，我的重点是如何与科学家沟通，如何研究他们的工作，了解双方都能从合作中受益的模式。

正如 M21D 的工作所建议的那样，还需要更多地关注后果。设计不是制造东西、界面或图像，而是启动系统。这些系统有很多后果，设计师必须注意到这些后果。一张海报或一个网络界面的设计师应该知道一些事情，比如墨水是如何制造的，或者运行一个网页需要多少电力和碳。

图 15　ZOA- 苏珊娜·李（Suzanne Lee，英国人），艾米·康登（Amy Congdon，英国人），现代牧场公司（Modern Meadow，美国人）

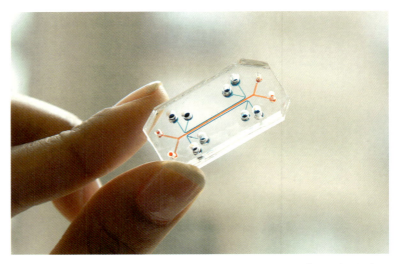

图 16 芯片上的肺 – 唐纳德·因格贝尔（Donald E. Ingber，美国人）/ 胡东恩（Dongeun Huh，韩国人），Wyss 生物启发工程研究所、哈佛医学院、哈佛工程与应用科学学院，美国波士顿 / 波士顿儿童医院

GARLIC: 回顾您的生活，请您为年轻人提供一些建议。

迈尔斯：

很乐意提供一些建议：每年找几次能给你建议的导师。导师应该是这样的人：从事你有朝一日想做的工作，比如高级设计师、策展人、教师，无论是什么。要确保这位导师愿意奉献一点时间；如果不是，那就找新的导师，没关系，外面有很多这样的导师。一个好的导师会投入精力指导你的专业和个人发展，也能在他们认为你犯错的时候告诉你。我的另一个建议是表达你的热情，永远不要害怕问问题，也不要担心做一些你并不真正知道如何做的事情而显得愚蠢。

在你职业生涯的早期阶段，最好勇于承认你的无知。因为人们往往害怕这一点，并希望"证明"他们的价值，或者他们应该得到更高级别的工作。这是造成挫折的原因，对建立信任起反作用。要有信心，随着你的工作，你可以学到你需要的东西，甚至更多。

当你还在学校的时候，要尽可能多地积累经验。这是一个难得的时间，你必须进行试验，而且几乎没有什么不良后果。这是一个黄金时期，往往不被身处其中的人所欣赏。而且，一定要在课堂之外稍微了解一下你的老师；发现教书育人的人的激情源泉，会让你豁然开朗，可以激发你的灵感。

10
露辛达·桑德斯专访

图 1　露辛达·桑德斯教授

露辛达·桑德斯（Lucinda Sanders）在罗格斯大学学习景观设计，并在宾夕法尼亚大学获得景观硕士学位。她是 OLIN 景观事务所的 CEO 兼合伙人之一，塑造了 OLIN 的设计目标和可持续性。同时也是许多著名景观项目的领导人，以及宾夕法尼亚大学景观设计专业的客座教授。她撰写的关于 OLIN 景观设计的书曾在 Monacelli Press 上发表。她以结合 OLIN 标志性的生态理念和她自己对于社交和城市化的关注而著称。她的项目管理能力为人称道，所做项目受到广泛认可，为公司赢得了许多重要项目的委托，包括纽约的电池公园、卡内基大厅、费城的三十街车站区域规划。同时也主导了公司最重要的一些现代景观设计，包括费城的康卡斯特中心广场和特拉华中心滨河空间规划，以及旧金山的 GAP 总部。她主导的哈德逊河 26 号码头是近年来又一成功项目，获得了许多奖项，其中包括芝加哥雅典娜建筑博物馆 2021 年的美国建筑奖。

2008 年，库珀休伊特授予桑德尔女士美国全国设计奖，《费城》杂志形容她为费城当今最优秀的建筑师之一。桑德尔女士在 OLIN 公司之外也积极地致力于景观建筑行业发展，她通过宣传的方式提升了这个行业的重要性，参与了许多支持景观行业的理事会和委员会，包括景观建筑基金会、博德约翰逊夫人自然花卉中心宣传理事会和景观建筑 CEO 圆桌会。2021 年，她受邀参加景观行业领导人圆桌讨论会，分享关于行业现状的看法，她也定期在全世界的大学与专业组织发表讲座。她最重要的几个奖项包括 2012 年的 AIA 规划与城市设计荣誉奖（特拉华中心滨河空间规划），2009 年的 ASLA 设计荣誉奖（GAP 总部），以及 2008 年的库珀休伊特美国全国设计奖。

采访时间：2016 年 05 月 06 日
采访地点：费城 OLIN 景观规划事务所图书室

GARLIC:

请您向大家介绍下自己。

露辛达·桑德斯：

我是露辛达·桑德斯，我是美国 OLIN 景观公司的 CEO，同时也是宾夕法尼亚大学的客座教授。

GARLIC:

您对景观设计师作为时代领袖的话题关注了很长时间。近年来，您一直十分关注如何激励年轻一代的景观设计师创造更美好的世界，如何对社会产生更大的影响，如何去更多地引领而不仅是简单地回应甲方的需求。请问您具体采取了怎样的行动？您对青年设计师有哪些建议？您有哪些好的平台可以推荐给他们？

露辛达·桑德斯：

这些年来，我发现了一件有趣的事情——景观设计师总是在说自己没有足够的影响力。我花了很长时间去关注、审视、反思和理解其中的原因。我发现景观设计多数时候是一个反馈型的行业，通常情况下，我们的设计都是在回应甲方的需求。其实这并没有错，景观设计确实是一个服务型行业，我们根据甲方的要求做设计，为他们提供解决方案，这是很正常的事。然而，这意味着我们常常不是作为发言人或倡导者出现在公众面前。我认为无论对于美国还是全世界来说，景观设计师与多数人相比有 10 年、15 年，甚至 20 年的先见之明。然而设计行业的这种运转模式似乎麻痹了许多学生在学校时表现出的倡导者的角色。于我而言，景观设计师能够具有强大的影响力和号召力是十分重要的，他们应该学习做一个倡导者，并永远记得自己的责任。这也是我为何对领导力这一课题非常感兴趣的原因。领导力是我们作为人类，尤其是作为景观设计师，需要每时每刻注意的事情。无论是在做项目，从事教育，还是在写作，我们都有义务注意这一点。

图 2 瓦格纳公园

GARLIC：

请问您对刚毕业踏入景观设计实践领域的青年设计师有哪些特别的建议？

露辛达·桑德斯：

我想聊聊我在宾夕法尼亚大学教的一门课。这门课的名字是"颠覆时代的领导力"，它也包含了许多调研和设计的课程内容。我聊这个是想强调青年设计师们踏入社会前必须去做一些事情——他们需要接触到自己真正感兴趣的东西，并对其有一种信念。通常情况下，这涉及他们面对土地和全人类所拥有的道德感。学生们需要充满自信地去谈论这些。

景观行业现如今仍然是一个存在英雄的领域。我们认为自己需要成为那些英雄，以至于我们不断地效仿那些已有的"英雄"而不是寻找自己的声音。其实每个人都有自己最强烈的声音，因此在踏入社会之前，我认为学生通过学习发现自己内心的声音并将它表达出来是至关重要的。

我认为这门课还有另外一方面考量——如果学生能够在学校里习得这个世界是如何运转的，那将是极其幸运的。因为现实世界中，并非是他们有了重大的发现并向这个世界宣布，所有人就会听他们的。我们必须要理解自己在实践过程中所处的大环境，以及如何通过发声来获得成功和影响力。

图3　露辛达·桑德斯教授设立景观设计基金会（LAF）创新与领导力奖学金

GARLIC:
请问您是如何考虑这门课的结构的？尤其是自我剖析和个人心理故事的部分，这两个部分更像是心理学上的自我挖掘。

露辛达·桑德斯：

我现在正在攻读关于颠覆性领导力的博士学位，这实际上是我教的这门课正在研究并理解的话题之一。有趣的是，在我开始教这门课之前，我教的是一门专业实践型的课程。我增加了一部分领导力的课程内容，做了大量的阅读和文献回顾。很多关于领导力的文献表明，领导力是与生俱来的。那些没有天生领导能力的人就不具备这种能力。但我认为，这是对领导力的一种过时的看法。我相信，领导力是可以后天习得的能力，否则我也不会去研究它。并且这种学习很大程度上与理解自我有关。通常来说，我们作为领袖往往要独自面对一切。因此，对自己有很大的信心并与自己磨合至关重要。关于自我剖析，我对人们所讲述的故事非常感兴趣。有时这些故事是有帮助的，有时则是有害的。如果我们没有意识到这一点，我们就永远无法突破局限。因此研究自我对于颠覆性领导力来说，几乎是必须学习的基础性内容。

图4 巴德与苏西·罗杰斯花园

GARLIC:

请您为不太了解景观设计行业的人解释，为什么景观设计师能成为颠覆时代的领袖？

露辛达·桑德斯：

我对一个现象特别感兴趣：景观设计师没有很大的话语权。这个关注点是我在同年轻设计师有关领导力话题的讨论中慢慢生发出来的。我如此关注景观设计师并不是因为我自己是一名景观设计师，这与景观设计师可以给社会带来的价值挂钩。对于不太了解景观设计师究竟是做什么工作的人，最简单的说法是，景观设计师在环境中拥抱和相信人性。不是将人与自然分开，而是谈论这种融合，而我们恰好能够利用大环境和设计工具进行这种融合。自然环境被人类操纵和掌控，现在世界上几乎没有一片自然环境是纯天然的。景观设计师可以创造并改善人类与动物的生存环境，而这种方式是其他行业没有训练过也没有思考过的。景观设计师把"可持续发展性"、"弹性"这些术语带到物质世界中，并且延伸到社会环境和生态环境中。

图 5　哈德逊河 26 号码头

GARLIC:

这学期在宾夕法尼亚大学的设计课上,您作为导师用自己非常独特的方式去启发学生,而不是告诉他们应该怎么做,这使得学生最后的作品呈现非常多元化。您在这个过程当中是如何引导他们的?

露辛达·桑德斯:

这是一个非常有趣的问题。这学期是我第一次带选修的设计课,我之前只带过必修设计课。尽管不是每个学生都参加,在我的设计课里发生的事情实际上与我的颠覆时代领导力研讨会有关。我没有指定学生要做的场地,也不限定他们需要关注的问题。他们开始于对城市进行分析,这个分析过程体现了学生们各自能看到的以及感兴趣的内容,一切都是由内而外的。例如有个学生对水特别感兴趣,于是她十分深入地研究有关水的问题,整个方案都致力于有关水的设计,研究的深度和广度令我非常惊喜。她感兴趣的是拥有全美国最精细的水循环系统之一的圣安东尼奥市的水循环系统,但是这个系统是隐形的。她所做的事情是把这个重要的系统展示出来并且改变人的观念。这个设计课就是关于景观设计师如何能够改变大众的观念的课题,我教的十个学生每个人的设计都着手于他们内心深处最关注的问题,同时思考如何改变大众认知,改变人们的思维惯性以及对物理空间的看法。其实我并没有做什么,我只是给了他们足够的权限去自由发挥。

图6 露辛达·桑德斯教授与大公园工作室(BIG PARK STUDIO)的人员考察莫卡辛湾

GARLIC:

您在欧林已经工作了超过30年，并且担任公司的CEO超过8年。您从劳里·欧林教授出色的学生转变为欧林教授工作室的CEO，在这个过程中，您从欧林先生身上学到最多的是什么？

露辛达·桑德斯：

劳里是一个非常有魅力的人。如果我告诉你有某一件特定的事是我从他那里学到最多的，那就不是实话，因为我在自身发展的不同阶段，能从他身上不断学到新东西。当我年轻时，我跟他学画图。有几年实际工作经验以后，我跟他学如何做设计。现在，当我带完领导力这门课之后和在我博士期间研究领导力这个话题以后，我有了新的机会去重新反思、观察劳里教授。我会把他作为颠覆性领导人的一个例子。他确实十分优秀，他图画得非常好，口才非常好，文笔也很强，但是这些品质并不足以让他如此成功。所以我很好奇，我一直在思考劳里教授最重要的品质是什么，肯定有一些品质是超越行业成就本身的。我非常坚信，这种品质是他可以淡定地反思并认识到，一定有一个着手点可以改善这个世界。他并没有想着要去征服那座最高的大山。他坚信一点一滴积累的力量。这点品质是非常令人钦慕的，因为我认为人类或者说景观设计师有时会犯一个错：认为我们必须进行重大变革，必须做出最大的改变，然后我们又会因为自己做不到这一点而感到愤怒和失落。但是据我观察，劳里教授做事总是用集腋成裘的方法，无论是设计项目的时候，与甲方合作的时候，还是和员工一起工作的时候，抑或是思考世界和思考设计的时候。这些都是积少成多的过程，会从量变产生质变。这是我最近对他观察所得出的结论。

并且我们都认为劳里教授画图非常漂亮，我在宾夕法尼亚大学上学的时候，他经常给我们做讲座。你现在也可以看到他年轻时在场地手绘的照片。我认为他将手绘当作一种思考的过程，手绘不仅仅是观察、理解的过程，也是他静心的过程。总的来说，这刚好回到最初有关自我剖析和分析的那些问题上去。我认为在这个过程中，他越来越了解自己，并且为他的成功打下了坚实的基础。这就是我理解的欧林先生的故事。

图7 露辛达·桑德斯教授讨论起源公园（Origin Park）项目草图

图8 起源公园项目平面及效果图

图 1 玛莎·施瓦茨

玛莎·施瓦茨（Martha Schwartz）是一位景观设计师和艺术家，主要致力于城市、社区和城市景观的工作。作为玛莎·施瓦茨事务所的负责人，她拥有超过35年的景观设计师、城市主义者和艺术家的经验，与很多世界知名的建筑师合作完成了位于世界各地的各种项目。

她获得了包括皇家艺术、制造业和商业鼓励协会颁发的皇家工业设计师荣誉奖（the Honorary Royal Designer for Industry Award）在内的许多奖项，以表彰她对英国设计的杰出贡献；获得库珀·休伊特国家设计奖（the Cooper Hewitt National Design Award），波士顿建筑师协会颁发的妇女设计优秀奖。她是爱尔兰贝尔法斯特大学（the University of Ulster in Belfast）的荣誉科学博士，并获得城市设计研究所的奖学金。担任拉德克利夫学院（Radcliffe College）和罗马美国学院（American Academy in Rome）的访问学者，英国皇家建筑师协会（Royal Institute of British Architects）的荣誉研究员，以及获得美国景观设计师协会最近颁发的研究员理事会奖。

玛莎·施瓦茨是哈佛大学设计研究生院景观建筑实践的终身教授，也是哈佛大学可持续城市工作小组的创始成员。她曾在国内和国际上发表多次关于可持续城市和城市景观的演讲，作品在出版物和画廊展览中被广泛介绍。

采访时间：2016年06月10日
采访地点：宾夕法尼亚大学欧文礼堂（Irvine Auditorium）

GARLIC:

作为景观建筑领域的设计大师，谁对您的影响更深？在您一生中哪些景观项目帮助形成了您的设计思路？

玛莎·施瓦茨：

我想你们可能已经对我的一部分背景情况，尤其是我年轻时的学习经历有所了解了——彼得·沃克先生是我的老师。他曾经跟你们提及了丹·凯利（Dan Kiley），我当年在哈佛大学的时候也曾经去过丹的事务所。我也去过国玺公园（Parc de Sceaux），并爱上了它。我当时想如果这就是景观设计师做的事情，那么我能够想象自己成为景观建筑设计师的样子，因为我本身便具有艺术背景，而在我看来景观建筑就是一个巨大的艺术创作，而且它在尺度上比建筑要宏大得多，我的意思是建筑只是这个更大的体系中的一部分。因此我认为丹·凯利是给予我灵感的人之一。彼得当然是我遇到过的最好的老师。他和我一样对现代艺术非常感兴趣。

与此同时还有很多现代艺术家启发着我，比如罗伯特·史密森（Robert Smithson）、罗伯特·欧文（Robert Irwin）、理查德·朗（Richard Long），这些都是我非常喜欢的大地艺术家。我一直在关注着艺术，一直受到不同艺术作品的影响。所以我认为能够不断获得灵感，能够不断被走在创新之路上的人们启发和激励是一件很棒的事情，因为我热爱不同的创意，对我来说它们是我们创造的花朵。它们能够绽放不可思议的美，并且震撼人的内心。

图2　16科技创新园区设计

图3　贝果园

GARLIC:

您早期的设计以充满标志性和艺术性的景观作品闻名。比如说著名的贝果园和采用了上百只金色青蛙的里约购物中心。而现在您对于环境可持续性更感兴趣，比如您在会上特别谈及了气候变化的问题，您为什么会有这样的转变？

玛莎·施瓦茨：

我从未改变过，这个事情我已经做了35年了。我觉得大家仍然会记得我很久之前在做的事，尤其在美国这边，但是大家并没有真正意识到过去20年里我一直在做的事情。我们一直在做一些大尺度的项目，组织并引领不同的专家顾问与我们合作。我们设计了4.5公顷的阿布扎比滨海大道（Abu Dhabi Corniche），也曾做过一个位于芝加哥的可承载70000人口的大尺度岛屿设计。因此这是一种误解，缺乏对实践者工作方式的真正了解。他们认为我是从小的装置项目突然转变去做大尺度的项目，然而我们一直在策略性上做得很出色，我们也很擅长总体规划。例如，我们的设计项目总是集中在可持续性和建设绿色基础设施上。在多伦多、德累斯顿、芝加哥和中国的城市都有正在进行的项目，这些项目涵盖了过热、保水、社区建设、地方保护、减少雨水径流、增加自然渗透以缓解洪水和恢复含水层等问题。值得注意的是，城市的扩张是以世界上一些最具生产力的农田为代价来持续发展的。这将对未来粮食系统获取造成巨大压力，威胁到脆弱地区的生计。

与此同时，我们还需要在现有的城市景观中获得更多的空间，以便能够应对城市中最有影响的气候变化风险，如城市热岛效应、洪水、干旱及食物和水的获取。而我们参与设计的这些绿色基础设施的规模是可以有所不同的。绿色基础设施的范围可以从城市到住宅规模的设计，这些是沿海城市利用绿色基础设施保护其城市免受海平面上升影响的例子。也有许多城市的绿色基础设施的例子，如：鹿特丹防洪屏障、旧金山弹性设计（Resilient by Design）、中国红树林联盟、中国海绵城市等。当然最终到达设计阶段的时候，我会想要做出一个对当地而言既拥有与众不同的美感，又具备改革性的设计，这样人们才会越来越喜欢它。设计的美感是十分重要的，我也从未改变过这个态度。

另外一个很重要的原因是基于一些对于现状的了解与认知，根据最近的情况以及一些基本事实。

对于第一点，全球变暖正在失去控制。地球升温的速度比科学家预测的要快得多。第二点，冰融化的临界点正在下降。例如永久冻土层的融化，甲烷的释放（比二氧化碳强 70 倍），格陵兰岛冰原的失冰，海平面上升／洋流中断，北方森林的丧失，引发火灾和害虫。海洋升温比预测的更快——海平面迅速上升，致使亚马逊森林正在崩溃。失去氧气和重要的医疗资源，北极海冰减少，黑暗的海洋越来越大，现在吸收了更多的热量，这些热量被释放到大气中，使大气变热。能够提供全球 30%~50% 氧气的珊瑚礁的大规模死亡，大西洋经向洋流（AMOC）湾流放缓，并可能因南极洲西部冰盖的失冰而停止（导致海平面快速上升），南极洲西部冰架崩溃已接近，海平面快速上升。第三点，全球变暖的速度在未来 20 年可能会翻倍。第四点，由于云层厚度的减少，地球正在吸收更多的热量。随着地球变暖，大气中的水越来越多，因此云层也越来越多。许多科学家曾希望，更多的云层具有更高的反照率（反射率），将有助于缓和变暖并平衡气候系统。基于这些对全球气候变化的深入了解以及分析，我们决定将我们的设计更多地投入到可持续的设计中去。

一份新的重要科学报告发现，全球变暖的一些破坏性影响现在是不可避免的。但是仍然有一个短暂的窗口来阻止事情变得更加糟糕。当然我也听过有人这样跟我说："我们之前对你没有这样的期待。"我会说："为什么不能有呢？"我们当然会在每个尺度下实践"可持续性"，因为这是我们的公司精神。很多人认为所谓"可持续性"

只是以某种特定方式的设计而把本身存在的关系有美感地展示出来，这是一种对持续性非常狭隘的理解。可持续性其实与美感并无关系，它是有功能的，可操作的。另外在城市环境、郊区环境和自然环境下，"可持续性"所呈现出的状态也有所不同。为了真正实现可持续，我们必须真正理解自己所处的环境。关于这点我们一直在尽力地做到最好，结果并不总是十分完美，因为我们无法做到完全控制每个因素。但我们面对每一次机会都在尽全力营造一个可持续的环境，这也是我们一直努力的方向。因此基于对全球气候变化的深入了解与分析，我们决定将更多的设计投入到可持续设计中。

图4　阿布扎比滨海大道

GARLIC:
哈佛大学设计学院的可持续城市工作小组一直在进行城市可持续性的研究。作为该组织的创始人，您觉得限制城市可持续发展的最严重的因素是什么？

玛莎·施瓦茨：

可持续发展与各种因素相关。其中之一是不平等，也许是穷人和富人之间的不平等。现在，我想谈谈"南营"（global south）面临的问题。南营是一个术语，通常用来指代全球南北分界线一侧的低收入国家，是20世纪末和21世纪初流行的地球上的一种社会经济和政治划分，并不完全是一个地理术语，而更多的是与北方国家的殖民主义相联系。南方国家一般都是比较贫穷的发展中国家，它们的民主制度比较年轻，比较脆弱，严重依赖农业。

由于靠近赤道，"南营"的国家现在正经历着气候变化。他们没有经济能力重新建造房屋和基础设施来保护自己免受一系列威胁，包括极端高温、作物歉收、饥饿和缺乏饮用水。由于喜马拉雅山脉的冰川融化速度加快，东南亚国家以及印度、巴基斯坦和中国将失去灌溉和饮用的水，导致到2100年可能有25亿人迁移到城市寻找食物、工作和住所。南美洲的国家将遭受同样的问题，而非洲最容易受到高温和饥饿的影响。到21世纪中叶，非洲的萨赫勒和卡拉哈里地区将面临一个3℃的低温世界。

第二点，最大的不平等问题是南营的衡量标准。86%的制造业由北方拥有并位于北方，在北方，25%的全球人口拥有75%的全球财富，90%的制造业由北方拥有并位于北方。报告估计，超过40%的世界人口（33亿~36亿人）生活在"极易受到气候变化影响"的地方和环境中。这些国家的经济大多以农业为基础，与技术型的全球北方国家相比，农业受气候变化的影响更大。全球南方国家的人民对造成气候变化的责任最小，但受其影响却最大，特别是在粮食安全、水的获取和营养缺乏方面。

图 5 北七家科技商务区

下一代会在经济上更富裕，并且受到更良好的教育，他们将会有不同的理想和愿望。所以我猜想会有大量建筑被推倒，而你们会有机会重新建造它们，那么接下来就要靠像你们这样有更好的能力的，并且在城市设计方面更有影响力的设计师，懂得如何让城市既满足经济需求，又满足社会、文化和环境的需求。这将会是你们未来十分重要的工作。

GARLIC：

您曾经做过很多中国的项目，并且也曾经多次去中国做讲座，或是担任竞赛评委，等等。以您的视角来看，景观设计师在当代中国城市建设当中的角色是什么？

玛莎·施瓦茨：

这是一个好问题，因为我知道在我们可以向政客们提出诉求，可以签署请愿书并寄给他们。想象一下，把哪怕两万人的请愿书寄给当地政府或官员是一件多么不容忽视的事情。而他们也会关注这个事情，因为政客是大众投票选出来的，因此可以说我们有一个更具互动性的机制。但是中国政府也有非常优秀的团队，有非常精明睿智的智囊团，所以你们应该更好地了解如何进入有影响力的圈子里。你应该多和那些知道怎么做这件事的人交流，以及学会如何能让你的话在如此之多的谏言中脱颖而出。这样他们就会倾听你说的话，他们都是有智慧的人。

而且其实我认为中国很可能会对气候变化产生比美国更大的影响，我相信中国政府对此也有相当的了解。气候变化从任何角度来看都是一件对环境和人民有威胁性的事，解决这个问题是为了整个国家和人民的利益，也是为了整体的经济发展。所以这些相关争论的出现是很有必要的。我们讨论的是如何使全球环境更好，这是对世界上每一个人都好的事情。我们能做的一部分事情是教育人们以及让大家产生这种意识。我认为现在你们大学里的教职员们正越来越关注到这件事，所以通过教育机构或许是你们其中一条发声的途径。

因此，为了在气候变化中更好地做出可持续设计，景观设计师应当涉足城市景观的管理和组织。根据 IPCC 名为《气候变化与土地管理》的报告，土地管理是我们作为设计师可以做的最重要的行动，以确保我们能够为全球人口和生物多样性提供食物。"土地管理在所有方面都很重要，但对城市来说最重要。"城市景观的管理是我们能够帮助减少并在许多情况下扭转气候变化的不利影响的最重要方式之一，它是一个城市拥有的第一大基础设施，它可以创造城市生态系统、自然和表演性景观，并通过技术的整合创造绿色的基础设施以创造"气候准备"（Climate Readiness）。

作为景观设计师，我们可以通过改善和保护土地来实现我们改造城市景观的价值：我们可以改善食品安全，改善水安全，减少热量，解决城市热岛效应问题，支持生物多样性，减轻雨水管理，减少空气污染，接近绿色并维护人类的身体和精神健康，创造优美的景观。

图6 自贡东兴寺河滨公园

GARLIC:
您对于可持续设计有如此多精妙的构思，那么您对于如今气候发展变化下的未来的城市及未来城市景观有怎样的展望呢？

玛莎·施瓦茨：

我们需要重新布局我们的城市。为了使城市适应和应对气候变化的影响，我们将需要使它们更容易管理，更可持续，更自给自足。世界各地的城市正在进行一场强有力的运动，重新思考和想象一种不同的生活方式，这种生活方式可以更可持续、更健康、更公平，并能更好地推动人类走向未来。除了减少排放，城市还需要创造更高的交通效率，提供更健康的生活方式，等等。

另一方面，城市必须努力实现自给自足。城市必须重新安排自己，以鼓励自给自足社区的建成。在那里，较小的人群可以通过工作解决问题，并在当地获得商品和服务。于是开始建立一个更加自给自足、有弹性的城市，能够更迅速地共同行动，应对气候变化带来的意外问题。在个人、社区、行政区和城市的范围内，我们必须共同努力，使自己包括产生食物和可再生能源系统更加自给自足。当灯光熄灭、通讯中断、供应链断裂和我们饥饿时，确保有自己需要的东西。我们能为自己提供的东西越多就越安全。国家、州、城市和家庭需要努力实现自给自足，这将通过"良性循环"的相互作用成为可能。这意味着，这应该包括以下方式——可再生能源、食品生产、所有废物的回收、水的回收、循环经济和种植以减少二氧化碳的排放。

未来的交通是改变我们城市的根本。一个需要思考的关键问题可能是我们为什么需要运输车队。汽车是昂贵的，任何一种类型的车辆平均每年都要花费几乎 9000 美元来维护，而汽车绝大部分时间是停滞不动的。无论是在你自己的车道还是在停车场，事实是汽车在 95% 的时间里都没有被驾驶。创造一个可持续、健康城市的第一步，是让单一所有权的汽车远离城市并创造更多的节能公共交通工具来改变城市，这将为我们的城市做好"气候准备"打好基础。城市化进程的迅速发展为我们带来了更大的城市，这将产生一系列新的交通、卫生和基础设施要求，给各类行业的基本市场带来冲击。到2030年，城市里行驶大量里程数的汽车将会越来越少，因为共享单车更方便，人们会大量使用它们使得它们可能永远不需要停车。然后，我们可以将我们的街道重新用于比停车更重要的服务。大片的土地将被开辟为新的用途，如更宽的人行道，更多的住房，公园，也许还有森林。一些城市已经在为未来做准备。移动性是所有城市的基础，它必须被改变以在未来创造健康的城市。因此我们应该思考新的交通模式可以怎样改善城市设计。在全球范围内，单一所有权的汽车正在逐渐失去广泛的市场。如果大多数美国人转而使用自主的、电动的共享汽车，这可能对美国城市使用街道的方式造成巨大影响。运输即服务（TaaS），购买里程、行程，没有所有权的混乱时代已经到来。

自动驾驶汽车是对如何重新利用街道的设想中的一种常态。自动驾驶汽车节省的街道空间将释放出30%~50%的城市路权，这是大量的重要土地，也是城市重新利用城市景观的绝佳机会，以应对气候变化的影响，创造一个"气候准备"的城市。通过重新设计街道来改变城市，可以为更有价值的使用创造空间。有几个非常先进的城市已经在考虑"抛弃他们的汽车"并依赖公共交通。这样的空间将允许用透水表面取代不透水表面，在整个城市中插入绿色的地下结构，并在城市中插入重要的生态环境系统。

在整个城市中建立生态体系和线性城市森林。在所有的种植类型中，生态体系提供了最多的好处。线性城市森林是通过我获得的哈佛大学气候变化解决方案资助，在马萨诸塞州斯普林菲尔德市测试的一个想法。这个概念是基于在每条街道上种植一片森林产生的。由于反车辆的使用,它将在整个城市的所有街道上运行,宽度相当于一条汽车线。鉴于森林的大小和它在地下的连接性,线性城市森林将吸收洪水,从而大大减少洪水的影响,而森林地下区域的雨水管理装置将收集雨水,在干旱时期需要时储存起来用于灌溉。

图7 城市与自然

GARLIC:
您如何实现可持续设计目标？是否有一些有效的设计方法？

玛莎·施瓦茨：

当提到我们如何做时，第一点就要涉及基于自然的解决方案（Nature-based Solutions，简称 NbS）

"联合国支持全球在基于自然的解决方案（NbS）和可持续基础设施方面的协调努力，为正在发生的气候危机提供可持续的解决方案。自然解决方案是气候行动和生物多样性保护的一个关键部分，可以从可持续发展的角度改善社会生态效益。NbS 是一个相对较新的概念，是气候行动与生物多样性保护的一个关键部分，可以改善社会生态问题、健康利益和经济的共同利益。它们是一种多学科的综合方法，可以有效和适应性地应对社会挑战和一些自然灾害，同时提供人类福祉和生物多样性的好处。"

"NbS"支持环境，并以可持续发展为目标减轻排放。基于自然的解决方案（NbS）可以保护、管理和恢复自然或修正生态系统。欧盟委员会将 NbS 定义为"受自然启发、支持或模仿自然的解决方案，以此形成一个全面的议程，同时全面看待城市，在能源和资源效率方面具有巨大潜力。"

如果没有再生循环利用和建设绿色生态系统，我们将无法建设宜居、安全和富有成效的城市。忽视景观设计师这样真正的绿色部门，不仅对一个城市是一个巨大的错误，而且对全世界数百万人来说更是如此。了解土地的重要性和对我们有所裨益的生命系统，是解决我们问题的最重要因素之一，无论是对未来还是对今天，景观设计师是规划、城市设计和建筑方面的"首选"，他们可以通过评估需求为这项工作建立"平台"，使每个项目都能为气候做好准备。如果不从"基础"开始工作，在没有处理景观本身的情况下进行投资，很可能会遭受气候变化的意外影响。

每座建筑都有一个背景，而背景必须以未来的角度评估，以及必须做什么以能够处理未来气候变化的影响。我们必须记住，我们不再是在全新世纪，而基本上是生活在一个新的星球上。我们不能以"一切照旧"的模式前进。需要有一个对未来的看法，以评估随着气候变化可能出现的压力和风险。我们不能像过去那样继续建设，必须小心翼翼地建设，就像我们已经在另一个星球上登陆一样。每一个场地都必须被探索，项目周围的环境必须被理解，区域气候预测也必须被考虑。这就是景观设计师能做的，不只是种植植物，还要了解地球及其系统，以及气候预测，以确定需要什么来创造一个建筑、一个城市、一个公园、一个沿海地区等的平台和内部结构。这里的教训是，我们必须一起工作，找出如何解决未来的问题。在我们的筒仓内工作，不会让我们在未来走得很远。我们需要找到其他能够填补我们所需信息的人，如各种工程师、植物专家、地理学家和地质学家、未来学家、土壤科学家等，并在万维网上寻找和提问问题——在网站上巡航总是有东西可以学习。我们需要共同努力，分享彼此的知识和创造力，为不断变化的世界做计划。

我们进行可持续发展设计的手法主要体现在以下五个方面。第一点是：建造城市绿地以促进经济、环境和公共卫生的效益。较小的绿色基础设施的实施可以是非常有想象力的。通过移除不透水的表面，并在其上种植地被植物，虽然简单，但以简单的方式提供许多好处。除了冷却空气和让水渗回土壤，绿色基础设施还可以美化城市，同时提高生活质量和财产的价值。

第二点是：世界各地的街道正在被重新设计，以模仿自然溪流，这些溪流流向其他绿色基础设施，如雨水渠道，以避免房屋被淹。我们正在慢慢地接受大自然的工作方式，并顺应它，而不是反对它。这便是"学习与自然共存"。即使是开放未充分利用的小区域，并在其中种植一些东西，任何绿色的、活的植物都包括在内，在规模上也会改变城市——首先，它对处理暴雨管理有很大的帮助，因为开放的土壤允许暴雨渗入土壤，从而减少表面的水量。土壤和植物将冷却城市，并有助于解决空气污染。我们不必挑剔种植植物的地点，在城市中寻找一些小的地方，并把一些种子放入其中即可。

第三点是：引入多样化的景观类型。城市公园的环境效益已被证实。然而，重要的是要认识到，公园只是景观的一种类型。由于气候变化及其对城市和社区的影响，我们现在将在我们的城市中研究更多的土地类型。如今在"气候变化时代"的土地，尤其是城市土地是如此的重要。无论我们做什么，我们都必须带着这样的愿望去做，不仅仅是寻找美丽，并且土地还必须服务于多种任务，具有执行性。通过对任何地区的研究和分析，景观的设计可以解决环境问题，也可以解决城市和人类的需求。我们的景观必须被认为是多模式的空间，它具有表演性、美观性和对生态系统的反应。我们的设计必须保护生物多样性，同时根据环境和需求将人类的使用融入空间。另外，就像建造一座建筑或一片森林，或任何具有表演性的景观一样，现在与将来的设计过程必须是专业人员的合作，以处理我们在气候变化中面临的复杂问题。

第四点是：我们必须让城市景观变得更加可视化。在疫情期间，我们除了认识到绿地是休闲、娱乐和心理健康所需的空间外，其作为气候变化的重要参与者的主题并不存在。虽然它可以而且必须提供更多的东西，但由于缺乏对城市景观的认识，景观设计领域也是建筑环境专业人员意识中的一个重要缺失。这一点从美国的景观专业开设之初就一直存在，这是因为建筑学在城市中占据了主导地位。然而，尤其是在有如此多的复杂问题需要处理的时候，缺乏与规划师、建筑师、工程师等的合作对景观设计师的现状是一种挫折。实际上这对全世界许多人都是有害的，而这些人的生活本可以在我们的设计过程中得到改善。

第五点是：认识到景观设计的关键作用。重要的是要明白，景观设计是建筑环境中唯一以生态科学为基础的专业。我们现在必须拓展我们对气候变化，及其科学和原因、影响和解决方案的认知范围并保持好奇心。为了应对气候变化的挑战，我们的任务已经上升到了全球范围，所以我们的知识、工作规模和责任也必须上升到更大的复杂程度。景观设计是天然的"缓解专业"（Mitigating Profession），因为我们与植物和土壤打交道，自然会减少二氧化碳。目前在气候危机中，城市土地变得十分重要，通过适应性规划和塑造土地，设计基于自然的解决方案和绿色基础设施，以及使用新的适应方法和想法，使城市为气候做好准备。

我们是建筑环境中唯一以生命系统为设计对象的行业。我们是建筑环境中唯一代表地球的行业。60多年前，麦克哈格称我们是"土地的管理人"。现在，我们必须提升自己，称自己为"地球的管理者"。但是没有人为我们加冕。为了地球的利益，我们的隐蔽性必须改变。这个问题源于建筑环境领域的同行对我们所做工作的不了解。作为一个行业，我们的工作是教育他们了解我们的作用，以及我们可以做些什么来设计既能保护又能美化我们城市的景观。因此，我们必须把自己作为地球的管理者，保护地球和地球上的生物。我们必须以某种方式成为活动家，并以其他方式成为教师，将我们的职业从无形的地位中带出来，这取决于我们。

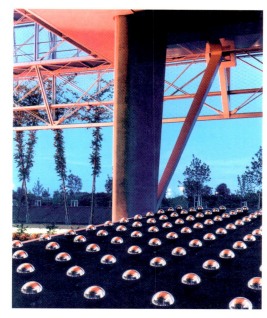

图 8 瑞士再保险公司

GARLIC:
如果您有机会与美国国家航空和宇宙航行局合作,并且有个在其他星球上的项目,比如在火星。您将怎样设计这片新的领域?

玛莎·施瓦茨:

首先,我不能一个人完成这件事,我一个人做不了任何事。因此我会先想清楚我要带上谁一起去火星。首先我需要一些了解农艺的人,这些人知道如何种植粮食。或许还需要一个物理学家,以及特别精通技术、懂得如何建造的人。但是我想,可能也需要一些有能力制订伦理类书籍的人来为居住在火星上的人设置新的道德规范,可能还需要一个诗人,我还会想带一些音乐家、艺术家……我们既需要技术专家和研究人员,也需要他们。因为我们是人类,没有艺术的生活很难算是人类的生活,因此我们要思考如何做到这件事情。

图 1　胡永泰教授

胡永泰（Woo Wing Thye）1954 年出生于马来西亚的槟城。他拥有哈佛大学经济学博士学位 [导师是杰弗里·萨克斯（Jeffrey Sachs）]，目前是联合国可持续发展解决方案网络的亚洲副主席。他还是复旦大学的长江教授、乔治城大学槟城学院的杰出研究员、加利福尼亚大学戴维斯分校的名誉教授、北京中国社会科学院千人计划的国家特聘专家，以及吉隆坡双威大学的研究教授。他是东亚经济的专家，特别是中国、印度尼西亚和马来西亚。他目前的项目包括绿色金融、中等收入陷阱和多极世界的全球经济架构。2000 年，《国际经济学》（International Economics）杂志将胡永泰在 1985 年撰写的文章"理性预期下的汇率决定的货币方法：美元－德国马克案例"（The Monetary Approach to Exchange Rate Determination under Rational Expectations: The Dollar-Deutschemark Case）确定为其 30 年历史中引用次数最多的 25 篇文章之一。他于 2012 年发表的"中国遭遇中等收入陷阱：追赶路上的大坑"（China Meets the Middle-Income Trap: The Large Potholes in the Road to Catching-Up）[《中国经济与商业研究》（Journal of Chinese Economic and Business Studies）杂志] 在 2018 年中国经济学家协会（英国 / 欧洲）30 周年大会上获得最佳论文奖。

胡永泰曾为多国政府提供经济管理方面的建议。他帮助中国财政部设计了 1994 年 1 月实施的税收和汇率改革；曾担任美国财政部特别顾问，陪同财政部长罗伯特·鲁宾访问中国，并出席了 1997 年在中国香港举行的世界银行和国际货币基金组织第 52 届年会；是联合国千年项目的特别顾问，也是马来西亚总理阿卜杜拉－巴达维的国际咨询小组成员。

采访时间：2016 年 11 月 28 日
采访地点：哈佛大学肯尼迪政治学院胡永泰办公室

GARLIC:

您在哈佛大学获得博士学位，在耶鲁大学获得硕士学位，还是斯沃斯莫学院（Swarthmore College）获得最高荣誉的毕业生。现如今您是许多著名经济学者的导师，我也在加利福尼亚大学戴维斯分校的官方网站上搜到您是一些学生心目中最棒的教授。您的教学理念是什么？您认为的最好的学习状态是什么？

胡永泰：

每个人都有与生俱来的好奇心和认知事物的美感，只是在生活中常常被压抑。所以我认为一个老师最重要的责任就是让学生重获他们天性中原本具有的好奇心和认知美感，最好的教学方式不只是让学生重获它们，而是让这两种能力得到更进一步的发展。所以对我来说，老师应该做一个好的表演者，在让教学内容变得更加有趣的同时，能够使学生们透过问题的很多复杂层面直切最本质的逻辑。同时在教学的过程中，老师必须将问题带入社会环境，这样学生才会真正地掌握并运用它们。

我觉得最好的教学方式是你可以激发你的学生围绕某话题进行小组讨论。因为首先他们对于这个话题感兴趣，其次他们能够找到和他们一样愿意花精力了解这个话题的人，这就足够了。重要的是这些人在一起会形成协同作用，相互促进提升。而所有这些讨论最终需要形成一个具体轮廓，使这些学生最终能从中形成自己的观点。所以老师帮助他们建立起学习小组之后，接下来要给学生布置相应的写作任务。因为许多观点是说出来好听，但写出来则会显得很粗糙。所以写作其实是一个将碎片化的思考组织润色的过程。以上大概就是我的教学理念和方法吧。

图2 1997年的胡永泰教授（右一）

GARLIC:
作为设计师，场地因素和地理因素对我们而言至关重要。而您也选择地理作为您课程的核心要素。您提到过地理位置的重要性以及其与经济发展关系密切，为什么您认为地理对于经济而言非常重要呢？如今交通系统和高科技似乎在减弱地理和自然在经济发展中扮演的角色。您现在对于地理和领域的看法又是怎样的呢？

胡永泰：

我之所以认为地理非常重要，是因为它能解释很多世界尺度上历史兴衰的变化。就像我曾经在课上提到的，中国南部边境基本与北回归线重合，至少从汉代开始便是如此。中华文明起源于黄河流域并迅速占据了我们今日所熟知的中国大部分区域。然而在公元280年左右这种扩张便停止了。我觉得其中的部分原因便在于北回归线以南的疟疾给进入这片区域的出征军队带来极大的危险。这也解释了为什么在缅甸人、泰国人和越南人被相继赶出中国南部之后，中国军队没有继续向南推进。

地理不仅告诉我们很多我们认为理所当然的事情其实源于随机的因素。比如说，在中国人们会利用家畜帮助人们从事农业和经济活动：如果你想培养农作物，你会用水牛拉犁；如果你想把货物运到市场，你可以用马车拉到集市上。在非洲，虽然这片大陆动物种类繁多，但没有驮畜，没有人能让犀牛或河马来拉犁，也没有人能骑斑马，或让非洲象像亚洲象一样帮助人们伐木。远古时期的非洲人没有成功驯化出非洲家畜帮助他们生产和作业，这就是为什么这里的人们无法完成农业革命。所以从我的角度看，为了解决这个问题，你需要打破地理对物种的限制。比如说通过杂交的方式从别地引进驮畜，比如把印度的婆罗门奶牛和南非公牛杂交，这样你也许就得到了能够投入工作的家畜。这是第一个例子。

再比如说，地理研究向我们直观展示了解决疾病带来的挑战对于实现发展的重要性。就像我刚刚谈到的疟疾带，美国南部的大部分地区一直没有发展起来，直到发明了奎宁水让人们幸免于疟疾。因此你可以发现在相关药物研发出来之前，任何有严重疾病肆虐的地方都很难有所发展。

这也引出第三个我想说的点：当环境状况很恶劣的时候，唯一让他们改善生活方式的机会就是从这片荒僻区域搬迁到更宜居的地方。然而这些地方肯定已经有人居住了，所以我们必须想出一个让移民者和原住民不互相残杀的办法。这也是为什么许多国家的少数民族会在山地生活。因为他们原本住在平原上耕耘肥沃的土地，然而另一个更加强势、更有攻击性的种族入侵，将他们赶到了山上。他们住在山上不是因为他们喜欢那里的新鲜空气或美景，而是因为回到山下太过危险。所以说对地理的研究会帮助我们认清一个社会状况或经济状况背后的原因，而这样我们才能更容易找到应对问题的直接有效的解决方式。

图 3　2009 年胡永泰教授被授予马来西亚 DSPN（Darjah Setia Pangkuan Neger）骑士勋章，并获得 Dato 荣誉称号

GARLIC: 从一个经济学家的角度来看,您认为中国城市化最大的问题是什么?您怎么看待经济和城市化潜在的联系?关于经济学家与城市设计和规划者之间的合作您有什么建议吗?

胡永泰:

有一件事情是肯定的:在中国城市化的进程中我看到了极大的挑战,其中最艰难的是设计生态上更平衡的城市,其次是设计一座预防拥堵的城市。这意味着对以车的自由通行为目标的老派城市设计理念还没有正确地加以抵制,因为道路和交通规划的目的是让人们自由地行走,而不是让车子自由通行。这是一个很大的进步空间。另外,建造每一座城市的时候,应该是将它们建造成花园中的城市,而不是城市中的花园。我认为这也是一个很大的进步空间。

对于中国,有几个重要的挑战:首先,户籍制度是否应该有所调整。为了放宽户籍制度的限制,中国需要足够的住房和就业。这意味着为低收入者搭建的公共住房的作用变得极其重要。这方面是可以得到妥善处理的,世界上早已不乏成功的先例,而且做得最好的两个城市都是亚洲城市:新加坡和我国香港。许多人会担心一旦户籍制度被取消,所有中国的大城市会像加尔各答一样陷入污染和交通拥堵的窘境。事实上加尔各答的种种城市问题归因于失败的城市化进程和管理,而我认为中国政府完全有能力建造出类似新加坡和我国香港,甚至比之更为先进的城市。

另外一点,每个城市的规模不应该被严格控制。我由衷认为,有了更多的公共卫生投资和更多的城市基础设施投资,上海、北京、天津、广州完全可以以一种更加健康的方式成为比目前更大的城市。控制城市规模,限制外来人口进入大城市,但同时这些教育程度高的人士在日常生活中又需要人帮忙打理,以确保更高效地工作。他们需要日常护理,需要家庭清洁和烹饪。这代表着你必须要让更贫穷的、缺乏教育的低技能人士进入城市来填补这部分劳工市场的空缺。这是一个高技术人口和低技术人口的自然平衡。只让高技术人群进入城市的想法是一个很大的错误。不同的人擅长不同的工作，应该让他们做擅长的事，所以何妨让他们自己做选择？如果一个人搬到城市发现找不到好的工作或者得不到足够的收入，这个人就自然会搬回他原来的住处。这是一种完全自主的行为。尤其是当结果不尽人意时，这也是一种可逆的行为。

GARLIC:

地产发展是改革开放以来经济驱动之一，但这个行业在最近几年发展得越来越慢。所以，房地产的城市化、大量打造基础建设，以及工业园区是近10年经济发展的主要部分，这些也都是城市设计和景观设计行业重要的因素。您如何看待新的经济发展，在当下和未来，您认为这些会为我们的行业带来发展吗？

胡永泰：

在有些城市，房地产的价格持续不断地增长，但在有些地方会出现"鬼城"。为什么这种短缺和过剩的情况会同时发生？产业的区位是由很多因素相互作用决定的，而其中的很多因素超出了政策的控制范围。所以我认为促进中小城市，限制大城市发展的想法应该反过来。如果想知道为什么有些城市停滞发展，我们应该分析它的经济，看看政府可以做些什么来改善它们的经济状况，而不是盲目地认为将一些产业移到这些城市，它们就能够继续发展，并且变得更有竞争力。

我们必须承认经济行为都具有协同性。就像在全世界，你会看见一些场所——比如文化中心和金融中心——是成组团的。形成组团的原因是这让每个个体更加多产，所以我们应该鼓励组团的发生，而且不需要怎么控制它。如果人们发现这样的组团对发展有所阻碍，这种组团模式就会自动停止。

所以我认为政府应该支持那些期望价值迅速提升的地方，与此同时提升毗邻城市的基础设施，这样人们就不需要搬到上海或广州的城市中心，而是居住在周边。重要的是，我们需要有更好的区域规划，因为它会影响整片地区的生态——社会生态，经济生态，和当地审美。我觉得中国有这么多人周游于世界各地，一定有足够多的人知道其他国家城市化带给了我们哪些值得吸取的教训。

GARLIC:

创新是经济发展的终极引擎。您也曾在课上提及将新的科技变得实用的重要性。所以，您能简单地讲讲成功的创新动机和创新在产业链中整体的角色吗？

胡永泰：

有两点。

首先，你必须让群众得到最好的教育，因为首先你必须要有足够的知识。其次，经济必须正在快速发展，这样人们才有机会将它们获得的知识创新运用，这些条件并不容易达到，因为将一流教育体系建立起来是一个巨大的工程，需要极大的投资。一方面中国具有送孩子上学读书的传统，不像其他文化对教育的强调相对薄弱。在这种需求现状之下，高等教育机构回应和支撑教育刚需具有很好的经济意义；另一方面，改革开放 30 年之后，中国有许多有才华的人在国外工作，这些人可以被引回国内并以不同的方式分享他们所学的知识。目前我已经看到了教育在中国取得的巨大进步。所以我有信心它会成为世界一流的教育系统。

另一个重要的问题是如何让有才华的聪明人更愿意留在中国，我想这就是中国的城市必须十分宜居的原因，只有这样才能让这些人在中国待更长的时间。因为真正才华横溢的人都是四海为家的，如果他们在一年当中能在中国待上九个月，对中国来说就已经是一件十分幸运的事了。这就是为什么生活品质这么重要的原因。为了提升生活品质，显然有些中国的大城市需要做出重大的改变，比如说空气质量方面。当然，中国的空气质量不是最糟糕的，我们知道新德里的空气质量比北京要糟糕得多。我们应该去看最高的标准，然后思考如何缩小和最高标准之间的差距。我认为中国作为国土面积这么大的国家，需要在进一步的城市化和经济发展中采取一种更生态可持续的方式。

GARLIC：
那么您觉得以您在中国的居住体验，中国的哪些城市是适宜居住的？

胡永泰：

首先我觉得中国的许多城市可以比它们现在的状况更适宜居住。比如说，杭州是一个很好的城市。但周围城市的工业让这个城市的环境受到影响。我想我所了解的中国很宜居的城市有厦门，上海其实挺不错，成都又是另一个。

图4　胡永泰教授拜访厦门大学

GARLIC：

您是亚洲站在最前沿的经济专家。所以您对特朗普在未来对中国经济的影响有什么看法，以及他让美国离开跨太平洋合作关系协定对未来会有什么影响？

胡永泰：

特朗普作为一名商人，当然会考虑为了达成交易需要做些什么事情。很多中国人因此不担心特朗普的当选，因为觉得他很实际，会做双赢的生意。我认为这是一个错误的看法，至少不那么准确。我们需要意识到，特朗普不仅是一个商人，也是一个政客，而每个政客都希望当选。我认为特朗普最大的目标就是在四年之后重新当选。他会做任何事，或者说很多事，来让自己在四年后重新当选。这次大选不幸释放的是种族歧视和对宗教不宽容的意识形态。为了留住一些人的选票，他必须信守当初他提到的一部分承诺。

比如在中国的问题上，他提出过两项承诺。首先是对中国进口商品征收 45% 的关税，其次是将中国列为汇率操纵国。我们可以说，在许多支持特朗普言论的人里，尤其是一些教育程度相对低的人，的确对所谓的"中国威胁"感到担忧。换句话说，这两项政策就是"中国威胁论"的表面体现。总体上是文化竞争带来的一种不安全感。那么既然他在大选中将这两项措施作为重要的筹码，我认为他一定会做出一些事情，以表现他正付诸行动。这个时候商人特朗普又出现了：首先在中国商品上加 45% 的关税会极大地增加美国的生活成本；其次将中国列为汇率操纵国从而进一步征收关税，又将更进一步增加美国的生活成本；而且显然中国不会任由美国无端指责，所以还需要考虑中国的反击给美国带来的额外负担。综合考虑之下，特朗普这个商人兼政治家会针对中国采取经济惩罚措施，这可能只是比他在竞选中承诺的要稍微宽松一些。

至于特朗普让美国离开 TPP（跨太平洋伙伴关系协定），我觉得这对美国而言并没有多少损失。如果你看一下 TPP 的成员，其中的很多都是中国主导的贸易集团——RECP（区域全面经济伙伴关系协定）的成员，所以美国的确可能会缺席 TPP。但基于美国市场的重要性，其他亚洲国家会继续重视和美国的关系。更重要的是，我认为 TPP 可能会以其他的名字重新出现，但这次将会作为特朗普而非奥巴马的遗产。

2016 年后的采访说明：虽然在特朗普执政期间没有出现重塑的 TPP，但重塑的 NAFTA（北美自由贸易协议）确实在 2020 年 7 月 1 日作为美国—墨西哥—加拿大三方贸易协议（USMCA）重新出现。

图 1 俞孔坚博士 教授

俞孔坚，北京大学景观设计学研究院院长、美国艺术与科学院院士、哈佛大学博士、意大利罗马大学名誉博士、挪威生命科学大学荣誉博士、长江学者特聘教授；长期致力于城乡生态规划设计的科研和工程实践，探索通过构建生态基础设施和开展逆向规划途径，综合解决城乡生态环境问题，并在中国200多个城市和10多个国家进行实践。其主持设计的工程以生态性和文化性赢得国际声誉，曾获28项国际行业权威奖项。

首次采访时间：2016年07月10日

二次采访时间：2017年01月10日

三次采访时间：2020年08月17日

采访地点：土人设计

GARLIC:

您有很多头衔。比如您创办了土人设计、土人学社,主持创办了北京大学景观设计学研究院和北京大学建筑与景观设计学院,创立了《景观设计学》杂志,发表了许多著作和有影响力的演讲,并且还是美国景观设计师协会荣誉成员。您在景观设计方向上扮演了许许多多成功的角色。回顾您的景观生涯,有什么让您感到骄傲的重要转折点,以及有什么想要和年轻景观设计师和学生分享的经验教训吗?

俞孔坚:

这是一个很好但也很难回答的问题。首先,毕竟我的人生到目前为止只是过了半百,当然这其中一定有一些非常重要的时刻。尤其在中国,往往你错过了某个机遇,人生境遇就会完全不同。

我出生在一个地主阶级家庭,在当时的政治环境下没有资格上学。我在念中学时辍学,直到1978年改革开放才有机会继续念书。有一天当我在田野里放牛的时候,我的一个中学老师找到我,鼓励我继续学业,参加高考。那个时刻成了我从农村走向城市,走向景观专业领域的转折点。如果没有那天,这个转折点也不会发生了。

另一个让我难忘的时刻是我通过高考的时刻,它彻底改变了我的人生。不过更重要的还是当时中学老师在我放牛时给我的鼓励,让我看到了机会。我从这几十年中学到的重要一课就是一定要坚持,不要放弃。如果在那个年代放弃了,我就不会有机会去念大学、去哈佛大学读书,也不会成为今天的我。

我学到的另一点则说来话长。刚从美国回国的时候,我看到国内在城市发展上的一些不同之处,比如特别宽的街道和大街区。还遗留了一些问题,比如河流污染、湿地破坏,以及传统建筑和文化遗产的破坏。于是立刻决定要改变这样的趋势——我发表了很多文章,在电视上和市政官员面前作演讲。人们开始把我称作组织的忤逆者、中国文化的背叛者、不尊重传统的人。我被许多领域的人抨击,包括一些同行。但我相信我是对的,所以不断地批判许多机构对于城市化的误读,而且坚持了下来。我提出了"大脚革命"[18],提出了对乡土文化的保护,提出了"海绵城市"理论。许多反对的声音把我推向了一个被孤立的学术位置，但我还是坚持着，并且做到了我想做的事。将近20年过去了，这些理论突然变成了一个被全国认可的动向。海绵城市、生态安全格局和生态保护红线变成了今天非常重要的议题。如果当时我放弃了，那么就背叛了自己的本意。

所以我想，对于年轻的设计师和景观设计师而言，即使你们不会有我这样的成长经历（比如经历"文化大革命"，和成为第一批从美国留洋归来面对这样的城市化问题的人），我仍然相信总有一天你们会面对中国发展过程中的其他问题。如果你有一些想法并且你相信它们，就一定要坚持下去，等到10年、20年之后，你就赢了。这就是我给年轻一代的忠告。

GARLIC：

对于中国来说，能够有包容许多不同想法的多元文化是非常关键的，就像那些正在努力挑战现今的专业教育体系的人。只有更多设计师坚持自己独到的见解并且有批判性的思考，才能有更多精彩的对话，不论对错。

俞孔坚：

你可能会问我，为什么我开办了一本新的杂志、一所新的学校，为什么我创立了自己的公司。那是因为"我想要抛弃过去比较教条的、固化的内容，让学生学习他们真正想学和应该学的内容"。

GARLIC:

没错,接下来我们就想和您聊一聊您所创办的产业。正如您所说,在您从美国回来之后创办了土人设计。您把土人变成了当今最有影响力的景观设计和规划公司之一,同时您也拥有了自己的土人学社和《景观设计学》杂志。我们非常好奇您以两种身份所拥有的这些产业的成长故事,一是以一个景观设计师的身份,二是从一位企业家的角度。

俞孔坚:

就像我刚才说的,我们绝对不能放弃我们认为正确的事,我的经历也印证了这一点。有的内容在其他杂志上不允许刊登,我就尝试办自己的杂志,我的杂志必须对新的观点有开放的态度,发表别人不能发表的。最初的时候,我们的杂志没有拿到许可,没有正式的批文。

终于,在10年之后,我们的杂志得到了认可,成为一本合法发表的杂志、一本国际双语杂志,也成为最美观的,也是中国高等教育中最优秀的杂志之一。而在刚从美国回来的时候,我甚至不能在发表的文章中使用"景观"这个词。但是在这本杂志上,我给了我的学生一个自由表达的平台。

为什么我又成立了一所叫土人学社的新学校呢?因为我想要抛弃过去比较教条的、固化的内容,让学生学习他们真正想学和应该学的内容。比如说,学生应该在实践中学习,拟真学习,对当地的人、当地文化和当地的历史遗迹有更深入的互动了解。所以这不是过去像艺术学院,理工类学校之类的传统学校,而是一个设计学院。这就是我成立土人学社的原因。此外,我们的教师团队组成不再有论文等方面的约束,是一个追求创新的团队。土人学社以农村为背景,坐落于安徽省一个依山傍水,有传统徽式建筑和丰富的徽州传统文化和水文历史遗产的地方。我们已经在土人学社开始了一些教学活动,希望最终我们的学校能够成为像黑山学院[19]、包豪斯或者AA这样专注于创新的独立设计学院。

GARLIC:

中国传统园林确实在世界上有一定的地位,并且有很高的文化价值。您如何看待中国景观对于世界的贡献呢?

俞孔坚:

从我的个人实践经验来看,中国的景观设计对于未来可持续的世界会有很大的贡献。我将中国的景观看作一种生存的艺术而非简单的园林,虽然园林包括在景观之内,但它并不是纯粹装饰性或者娱乐性的。我认为景观是一个整体,每一片土地都是景观专业实践的一部分。而园林、园艺是有界限的,更加注重娱乐性的空间创作,更趋向于一种精英文化。

我认为景观更关乎生存技能。它来自民间的文化,从农业到水文、市政工程,集结了我们对于土地、水、植被的所有认识。从这个角度来看,中国的景观深受五千年农耕文明的影响。这样的文化本身已经告诉了我们如何适应气候变化和不同的地理环境,比如盆地、三角洲地区、平原和沙漠,等等。我们发展出的各种生存技能正是中国景观能给世界带来的贡献。我的实践也因此深受丰富的中国农业历史的影响。比如,最近我正在写一篇关于从农民的农耕活动中深刻学习如何挖地、填地、灌溉、播种、收获并且循环利用营养物和资源的文章。农田的美丽之处不仅在于形式,还在于它们是为了生存而产生的,是有作用的。它们既有产出,又不需要耗费大量精力来维护,是可持续的。中国景观应该把这些传统生产性景观的技术转化为当代的景观专业技术,并且把它通过教育的方式传播出去。

图 2　法国巴黎 – 中国方圆

海绵城市的理论也是基于这样的思想。大约 2000 年前，中国农民已经明白了如果要耕种 4 公顷稻田，需要约 1 公顷的池塘水源来灌溉，帮助在干旱和潮湿的季节中调和适应。由于大部分的中国都受到季风气候影响，需要不断地适应气候变化来生存，于是就有了水资源管理的方式。海绵城市就是基于对这些中国传统技能的学习，再结合了一些当代西方的低影响开发思维形成的。如果能做到从传统农耕文化中学习、升华，并将它们运用到气候变化、城市化、能源问题和水资源问题等当代议题中，我们就能发展出一套来自中国智慧的新的景观专业理论和实践。

图 3 哈尔滨群力新区

图 4 中山岐江公园

GARLIC:

您10年来一直强调应将设计结合自然,并创造了"海绵城市"这一全新的概念。"海绵城市"随之变成中国的热门话题,甚至成为一项政府出台的新政策。然而,我们普通民众甚至一些设计机构对"海绵城市"都存在一定的误解。不仅如此,这种理解的欠缺导致一些设计机构关于"海绵城市"的实践项目显得混乱。请问您愿意对这样的现象进行一定的点评吗?

俞孔坚:

"海绵城市"的术语原义在今天并未被大多数民众真正理解。"海绵城市"旨在利用自然系统,或者说景观系统来治理水体。不仅包括自然灾害的预防、生物栖息地的维护和蓄水层的补给,还包括创造一个美丽的环境。"海绵城市"中的"海绵"指的是要为城市建立一个生态基础设施来全方位系统地解决环境问题,这是基于我对"小脚美学"的批判而来的。海绵城市是"大脚革命",是一只用自然的"大脚"去处理自然,应对环境问题的过程。

首先,海绵城市不仅关乎城市。它的核心是利用自然解决问题,所以不能局限在城市尺度上,而要跨越在不同尺度之间。首先是国家尺度,我们需要理解整个国家的景观体系,不能通过筑坝筑堤这样的灰色基础设施来防治洪水,也不能把河流改道或是将大坝筑到跟防洪堤一样高,而是应该放开整个自然系统,这才是"大脚革命"。所以这不是关于城市的问题,而是关于治理水系的理念问题。因为我们计算过,倘若只用全国景观系统的1%的土地就能够应对所有水系一年一遇的洪水问题,那么如果我们有6%,就能够应对百年一遇的洪水问题。所以这意味着6%的土地应该作为自然景观体系、绿色海绵体以及湿地系统被用于治水。这是大家误解"海绵城市"的第一点。这绝不是只关乎城市的问题,还关乎对整个水系统的处理问题,从全国尺度,到区域尺度,再到城市尺度甚至社区尺度。

第二个大众理解的误区基本来自商业人士。他们将"海绵城市"等同于低影响开发模式,这样就能推销可渗透砖块、输水管道、储水容器等产品了。但他们完全错了,"海绵城市"是个非常具有中国特色与中国内涵的概念。回归到"生存的艺术"这个话题,这个理念是基于中国的农民与农业提出的。虽然这里面包含了低影响开发的概念,但更多关乎我们所有早期处理水的智慧——池塘系统和堤坝系统等。两千年前,中国人已经懂得,如果有 4 公顷农业用地,就需要 1 公顷的水体面积来维持这块农业用地的可持续性。因为中国是季风气候,所以我们不仅要排走雨水,还要想方法贮存雨水。"海绵"是一种应对季风气候的贮水方式,可被用来平衡旱季和雨季的水质和水量。因此"海绵城市"不等于低影响开发,海绵城市是关于如何全面地应对不同时空的水问题,低影响开发的概念只占其中的 10%。这种关于不同季节间的水的处理,不仅是空间维度上的策略,还关乎时间维度,与复兴中国农业遗产,复兴中国城市发展建设的文化遗产息息相关。

最后,"海绵城市"也是关于如何设计城市和规划城市的议题。我也称其为逆向规划,因为"海绵"是指在人类定居和各类灰色基础设施或高楼被建造之前,设计师就要确定的如何界定水的空间。实际上设计师需要对整个自然景观体系进行界定以处理水的问题,这也是一种规划策略,我称其为"逆向规划"。铲平土地或制造平地这些事情不仅是在过去的中国,全世界都在做。所以,"海绵城市"是关于"绿色基础设施"与"灰色基础设施"的设计顺序问题。现在我们把它颠倒过来,首先应当基于主要的水体界定绿色生态基础设施的范围。我们需要将水保留在地面上,给蓄水层补给来养护这些绿色生态基础设施。因此这是关于城市设计和规划的方法论,并非投入大量财力打造一个海绵城市,而是怎么维持一个自然的"海绵"系统。这样不仅可以节省开支,还能减少建设成本。当然,最后绿色海绵城市应当是宜居之城、生态之城。因为它消耗少,更舒适,同时也体现了人与自然的和谐共存关系。

图 5　潼南大佛寺湿地公园

图 6　海口美舍美舍河

GARLIC：

请问您怎么看待中国在改革开放政策出台后超过 40 年的城市化进程？您认为中国城市化进程的未来又会如何？

俞孔坚：

中国的快速城市化进程主要发生在过去 30 年。

历史上中国的城市化始于两千年前，经历了很长的过程，但进程十分缓慢，只有很少的一部分人成为城市居民。如今改革开放后，城市化迎来了发展高潮，并迅速地改变了中国的社会状况。但遗憾的是，无论是决策者，还是各个专业领域的学者和民众，都还没准备好迎接如此迅速的城市化进程。这对我们所处的环境、社会甚至人类文明都有着重大的影响。我们也因此错过了一个巨大的机遇。我们破坏了水网系统，也破坏了整个环境体系。我们污染了水体、土壤和地下水，历史文化遗址也遭到损毁。为了实现规模经济，我们在文化、生态以及社会方面都做出了巨大的牺牲。不可否认我们的经济得到了高速发展，但实际上我们从某种程度上牺牲了可持续性。中国过去 30 年间的快速城市化更像是未来城市化发展过程的经验与教训，我们在生态层面、社会层面以及文化层面都有许多教训。所以我认为我们应该从过去 30 年的失败中汲取经验。因此对未来而言，减缓城市化进程是件好事。现在我们已经相对平缓很多了，这是非常好的。从制定规划者身上可以看到，他们已经意识到城市建设过程中的不足。如今美丽中国与生态文明建设的国策试图回顾历史和自然，开始重新审视生态问题、社会问题和文化问题。国家希望我们能再次看见青山，亲近绿水，可以拥有对过去的记忆。这都是基于他对我们过去 30 年发展历程的反思与展望。

未来中国的城市化道路将会有所不同，但现在的问题是很多人包括各个学科的学者专家们并未厘清未来的面貌。我们的相关学科，包括建筑、景观和城市规划，都还没准备好准确描绘更好的未来图景。就我的理解而言，中国的城市化进程与欧美国家的城市化相比，会有完全不同的模式及模型。因为我们正处在与以前不同的技术型世界，我们面临着不同的环境问题和不同的人口问题。我们有如此巨大的人口基数，因此不能一味地效仿美国，像是让 80% 的人口居住在城市，我认为那在中国不可能实现也没有必要实现。或许我们只需要 60% 的人口居住在城市，可能只需要 50%。因为今天，我们对好的环境应该有着更深刻的认知。我们也有了新的经济模式。这些经济模式不需要大量人力物力的集聚，不需要将人们都装进城市里。同时，我们有互联网技术，不用再像曾经的工业城市一样汇聚人口共同生存。所以我认为，下一代的城市化会更像乡村化，或者说是乡村城市化，会形成一种不同的城市化模式，我将其称为"新上山下乡运动"（New Ruralism），这可能会是中国的城市化的另一个方向。但可惜的是我们还没准备好，因此无论何时我们提到的新农村运动实际上都是在破坏乡村。

由此可见，中国的文化和社会都需要一场文艺复兴运动。我们需要定义什么是美，什么是好，什么是品格——这是件大事。我们未能理解什么是美好的。这是我一直关注的问题，也是我提出新美学的原因，我将其称之为大脚美学。中国有 1000 多年的裹脚传统，所以我们总倾向于觉得小脚是美的，是上层社会的象征，是经过中产阶级化的。这意味着我们不太可能欣赏农村或乡野之美，农业或自然之美，因为这些都是大脚的。所以中国需要时间去接受教育，需要时间去接纳一个新的文化——大脚之美，才能真正领会自然之美、农业之美、乡村之美。到那时，我可能才会去建设或者恢复中国之美，维护中国乡村的质量、生产力与美好。我们必须知道什么是有价值的，是大脚的而不是小脚的。健康的，高产的，可持续的，低能耗的，这些都是美的。

图7 衢州鹿鸣公园

GARLIC：

人人都在讨论城市化的现在，中国的城郊、村庄和一些乡镇也在经历着大规模的农业发展与改革。在中国，城市化的地区和农村地区的比例大约是一比一，农业用地占有很大的比例。同时，政府和国家层面也用政策给予了农村地区的发展许多的机遇。您如何看待这个现象，设计师又应该如何从景观设计和规划角度来应对这个现象呢？

俞孔坚：

我认为城市化和反城市化永远在同时进行。

第一点，一些人想要离开城市去农村生活，也有更多的人想从农村去城市生活。然而最终，中国将面临的挑战还是大量的农村城镇化，在这里，城镇化指的是更多的教育机会以及对基础设施和服务的改善。城市化并不意味着一定要新建一座城市，而是更应该强调一种新的生活方式。所以我把它称作"新上山下乡"。人们总是想要过更好生活的，于是"新上山下乡"开始了。水污染，食品安全，交通和生活成本等方面的问题都对城市生活不利。所有的这些城市问题最终会让很多人想要搬到农村去。这在传统中国很常见，农村和城市的居住选择总是双向的，在城市工作，去田园居住，在过去的中国是一个健康的农村和城市的关系。然而现在，这种双向的流动停止了，变成了单向的流动——农民搬去城市，但由于政策限制，他们不能把空置的房子卖给住在城市里的人。这样的状况必须得到改善，在未来的10年到20年，从城市向农村的流动应该会变得更加普遍。我相信这样的变化会发生，所以我把学社搬到了安徽的农村。我可以预见，知识会慢慢被传递到农村，科技也会加速这种流动。高铁、新的经济形式和互联网都会把为这种新的生活方式提供便利。这是第二点。

第三点是这种农村发展对我们专业的意义，我们面临着怎样的挑战。首先，景观设计师必须在这个趋势中扮演积极的作用。我曾经是个农民，因此我明白不要随意在农民最熟悉的内容上肆意创造，而是尽力尊重和保护。在我们对什么是重要的生态系统和有价值的景观进行判断之前，我们必须先保护好所有本土景观、当地的农村生态系统、所有的当地生产性景观，从各个方面保护好地域的文化以及留存已久的建筑和生态遗产，这些曾经也是德国人（Boerschmann）在飞行时从空中所看到的"诗情画意"的中国景观的一部分。如今，我们失去了大部分的农业景观，所以我们要尽全力保护，最小限度地干预我们不及农民熟悉的东西。

我们应该为那些美丽的中国景观划上生态红线，比如婺源、大理以及安徽和浙江的许多地方。土人也已经在做许多保护土地、文化、河流系统、村庄、风水景观和耕种系统等相关的项目。这些美丽的中国景观会成为吸引新农村居民的重要因素。

图8 城头山遗产公园

GARLIC:
您提到了美丽中国，是一个非常远大的理想。而您在三亚等城市也在为这样的理想进行实践，比如提出大脚革命、城市修复和城市生态修复，也包括了美丽中国建设。我们从三亚的实践经历和您的美丽中国建设理想中主要能学到什么呢？

俞孔坚：

美丽中国建设理念已经成为国策。如何定义"美丽"是很关键的，这就是为什么我提出了"大脚"与"小脚"。我们需要的是大脚美学而不是小脚审美。小脚审美观是不可持续、没有生产性的。我认为大脚审美观更尊重自然，有功能性且可持续，但最初不一定美。所以，设计师需要通过较小的干预把大脚景观设计好，保留它自然的形式。这就是自然景观，美丽中国的理念。我给很多城镇的政府部门作了演讲，在三亚总共作了四次，几乎所有的政府官员和一些酒店管理层都来听过至少一次。两个星期前，我受邀去了海南省省会海口，因为三亚的党委书记被调到了海口。他让我在海口的政府官员面前再作一次演讲，介绍什么是美丽中国,如何设计一个健康的水系统的演讲,如何把城市变得健康、美丽并具有海绵功能。这样的演讲能够帮助他们判断什么样的设计是好的,什么样的是坏的。海口市的党委书记非常有魄力且直接,这使得三亚在两年的时间内从一个嘈杂的城市变成了中国新型城镇化运动中城市更新和生态修复方面的成功案例。所以在三亚,我们得以在短短两年内就兴建了几个主要的景观项目:比如红树林生态公园。我们叫停房产项目,修复了红树林生态;又比如东岸湿地公园,我们把一片约30公顷的棚户区变成了一个美丽的生态公园。同时,我们还有幸设计了一些城市的主要道路。

图9 三亚红树林生态公园

住房和城乡建设部两周前召开了一个会议，让 100 名市长向三亚的经验学习。所有的这些改变都在两年的时间内发生，周边的居民都感到非常满意，游客很喜欢，政府也非常高兴。你们可以从这段经历学习到关于美丽中国的内涵。这位党委书记重视这个想法，也认可了我的观点。同时，我的演讲视频还在电视上频繁播放，让每个人都明白需要修复城市和湿地，需要建设海绵城市。住房和城乡建设部原部长陈政高之前在一次讲座中开玩笑说，"俞孔坚在三亚的成功能让他在酒店和餐厅免单了"，因为我给了他们一个甄别好设计和坏设计的思路。

不要光说不做。这回答了为什么我会有一个 600 人的公司。如果我们要改变一座城市或一个省，就要立刻付诸实践，派一个 30 人的团队去现场并且进行勘察设计。我们为三亚做了整个水文系统规划，把海绵系统落实下去。

选择几个主要的入手项目。我们不可能在两年内面面俱到地设计一切。所以选择了几个重要的入手点，比如红树林生态公园、湿地公园、主要道路和果园设计。这些关键项目能很快让人们感受到改变带来的积极影响。

综上，大家从三亚项目中能学到三点：第一，有一个评判的价值体系；第二，实践，有一个系统的城市范围的规划；第三，选择几个关键项目入手，催化这个变革。

GARLIC:

下面跟您聊一聊有关景观和新兴科技的发展。现今 VR、AR 技术，社交网络，大数据和无人驾驶等等热门领域正在改变城市。人和物质世界的关系、我们对城市结构的理解也将会因为这些技术而发生改变。比如，无人驾驶可能会完全改变交通系统。您是怎么看待新技术对于未来景观和城市设计学科发展轨迹的影响呢？未来的 20 年、50 年甚至 100 年里，新科技带来的机遇和挑战是什么？我们又该如何应对呢？

俞孔坚：

所有的科学技术多多少少都会影响到景观专业。比如虚拟现实影响表达和分析数据的方式，无人驾驶影响新的城市空间结构，等等。跨学科设计能够把景观数据整合到人工智能系统中，虚拟景观也需要处理空间。这就是为什么在北京大学已经有了一些跨学科的设计项目。这样的项目对于传统学科来说是一个赶上技术变化的新方向。然而这些依然不是景观学科的根本，专业的根本还是我们与自然的关系。虚拟的自然是不够的，社交网络很多时候也不能建立真实、真正的联系，我们必须要面对面。

去年，我在 IFLA[20] 作了一个名为"看不见的联系"的演讲。很多时候人们认为社交网络和高速公路、城市管道这样的物质网络一样在连接这个世界。然而事实并非如此。对于景观设计来说，一个不会变的关键是我们要创造促进人与人交往的空间，加强人与自然的接触，用设计串联过去和未来。真实的空间是景观的核心。人类是不会与景观切断的。所以，科技只是表面的部分，我们不能寄希望于它从根本上改变这个专业，但它会改变我们设计景观以及建立与自然、历史、未来的联系方式。

图 10 俄罗斯卡班湖

GARLIC:
在您的研究和实践中,像大数据、遥感技术以及电脑模拟等新技术是如何帮助您深化和完善设计方案的呢?

俞孔坚:

今天和 50 年前相比,我们拥有更多的知识,可以使用更多的工具。比如生态学,50 年前的生态学知识还非常初级,所以当初伊恩·麦克哈格(Ian Lennox McHarg)只能尝试理解非常模糊的数据,而无法精确地理解生态学并用相关知识进行规划,所以他的分层模型只是垂直方向上的叠加:地质、水文、植被等,这种基于十分基本的生态学理解的垂直叠加法基本上成了当时决定性的思想。现在生态学已经进步了很多,我们现在有景观生态学的分支,有能力将生态过程模型化,于是能真正理解横向的过程。比如动物们如何在不同景观之间迁徙。所以这些都是新的想法、新的知识,可以补充进设计结合自然的模型中去。同时我们有了更好的工具，比如说 ArcGIS[21]。在他的时代，GIS 技术还非常初级，因此他只在他最后的专业课中使用了一下 GIS。但现在我们有如此强大的地理信息系统技术（GIS）支撑我们对"设计结合自然"的理解。

但无论如何，"设计结合自然"仍旧是核心的概念和强大的思想。如今，大数据、更好的 GIS 模型以及对景观生态学更好的理解将成就更完善的"设计结合自然"。土人设计在 19 年前就开始使用地理信息系统了，实际上我的博士学位论文就是关于地理信息系统在景观安全格局中的利用。我发明了"景观安全格局"一词。它定义了景观可用于保护那个地方的自然生态和文化过程，并且利用地理信息系统和横向过程的模拟，理解如何以最低资本投入和最低社会成本对当地景观进行保护。所以我认为，在技术工具、知识水平方面我们都更加进步，但最核心的概念依旧是"设计结合自然"。

GARLIC:
请问我们这些景观师或者说广大设计师如何对当今社会化程度越来越高的社会产生更大的影响？

俞孔坚：

我认为这视不同情况会有不一样的答案。从前，我们会把设计这个学科理解得比较狭隘，景观学则是其中更小的一个学科分支。但如今我认为，景观学已经变得极具影响力，并且与社会福利和政策制定有紧密联系，同时也与我们正面临着的严峻问题，如洪涝、干旱、食物、社会问题、历史文化遗产保护等息息相关。当你们认为景观学能为社会做出贡献时，你们就能让其对社会产生重大影响。就比如当今海绵城市正对中国产生着巨大的影响。所以，这个问题讨论的是这样一种能力，而且景观师需要具备这种能力，将这门学科研究的内容转嫁到当今社会所关心的民族问题和全球化等问题上去。

图 11　天津桥园 – 城市棕地上生态修复之后

图 12　上海后滩公园 – 人工净化湿地

这也是为什么我将景观学定义为生存的艺术，又有什么问题能大于生存问题呢？生存是个大问题，所以如果景观学能帮助民众、国家和所有城市居民解决生存问题，那么这个学科就是有巨大影响力的。这完全取决于我们对自身价值的定位，对自己在社会中所扮演角色的理解。如果你们只把自己定义成园艺师，那么这个身份的影响力就很小了。因此我觉得如果想让景观学有更大的影响力，应该改变我们的视角，改变我们对未来的愿景，甚至应该带领我们这个学科再向前迈进。而追溯过往，回看早期的先驱者们对学科的定义，伊恩·麦克哈格将这门学科定义为生存的工具。我们应当继承并以此为纲领。以上算是我对我们学科的一些理解。

GARLIC:
可以基于您在中国的实践谈谈设计师们应该怎样得到更多的政治影响力吗？

俞孔坚：

从政治的角度说，我将景观学及其根本定义为国王管理的艺术（King's Art of Stewardship）。大禹是华夏大地第一个开国君王，我认为他也是一位景观设计师，因为他是第一个用一定的章程和尺规丈量和规划景观，布设文化空间、居民聚落和道路的。所以他是一个有能力对土地进行规划和设计的人，是中国景观师的先锋，而不是一个园丁或者只会设计美丽花圃的人。所以你要知道，第一位景观师是一名政治家。同时我们需要知道，伊恩·麦克哈格是一位电影制作者和电视节目制作者。他对媒体发声，在公众面前大声演讲，也向决策者和商人慷慨陈词，因此他也是个政治家。所以，景观设计师需要被赋予这种力量，需要建立自己在社会中的一席之地。所以作为一名景观设计师，应该努力争取政治家所拥有的力量，变成政策的制定者，或者力量强大到足以影响政策制定者或公众的思想，这样我们才能对社会产生重大影响。

GARLIC:
您觉得景观设计师在与建筑师、规划师、工程师等进行的多学科合作中应当扮演怎样的角色？

俞孔坚：

景观设计师从一开始几乎就与一切事物相关，从治理洪水、应对干旱，到农业、工厂布局、工业区划和社区规划，甚至更早期的土地规划，包括森林和水系规划。这由此关乎的是怎么管理景观，怎么规划这块土地，怎么创造和谐的环境，怎么修复或设计人与自然环境和景观的关系。所以城市规划起初也是景观学的一部分。

在哈佛大学，你会同时学习景观学和城市规划。因此景观学究其根源就是一门跨越不同尺度，统领着土地利用规划、土地生态规划的学科。但是现在由于专业的细划，城市规划成了一门独立的学科。景观设计师重新开始处理场地设计，从某种程度上说变成了园丁。但我们需要从全局出发考虑问题，考虑场地、水系、国家的、区域的，当然还有城市的景观规划。

我从没把我自己的工作与城市规划割裂开。实际上在中国，我是一名注册规划师。但当然，建筑学是一门单独的学科，因为建筑将更多注意力放在物体、室内或者建筑项目的空间体验上，因此，建筑和自然环境之间的关系就是景观学需要考虑的了。而这也是为什么就城市规划而言，有城市，也有建筑、街道和树。由此，当我们将建筑看作系统中的一部分时，就会思考城市应该在哪里，如何处理城市中的河道系统、山体和农业的布局，这实际也是景观规划。城市规划基本上就是关于建成系统和自然系统的关系，就是思考怎么将城市中的自然系统和建成环境融为一体。而这一系列的关系要处理好，还是需要经过培训的景观设计师。因此，我从来都不会将建筑、城市和景观分开来看，它们应该始终被当作一个整体。

图 13　宜昌运河公园

GARLIC：

我们和其他的专业之间存在一条明显的界线。有的时候其他的专业并不知道我们在干什么，他们认为我们只会种树和填土。景观建筑如何与科学、政策、技术和经济建立更多的横向联系？

俞孔坚：

让民众和社会理解我们在做什么很重要。

首先，我认为向媒体展示我们正在做的工作是非常重要的。我们需要告诉大众媒体我们到底在做什么，而不是杂志、期刊。人们需要了解现在的生存环境，而这些就是我们正在做的事情。其次，我们需要有案例。我们将案例建造出来，展示给媒体，描述这些案例，进而向大众展示，例如一个公园、一个廊道、一条绿道甚至一个城市范本，告诉他们这些案例已经被景观设计师做到了。接着，我们需要有一个开放的心态。我们需要有能力使用相同或相似的语言，或是为案例"设计"通俗易懂的语言，以此解释给你的邻居、建筑师、视觉设计师、环境艺术家甚至时尚设计师们听，因为我们具有相同的学科基础。作为设计师我们有相似的背景，我们都需要创造力，需要有创新的想法，需要对视觉上的美感兴趣，这都是关于设计的。我们不是科学家，不是生态学家，我们是设计师，正因如此，我们需要对视觉上的美感兴趣，需要有创造力。因此，我认为跟我们相近的学科一同努力是合情合理的。

图 14　秦皇岛汤河公园

图 15　西雅图 Hing Hay Park

GARLIC： 为了使学生具备更好的技能和心态，以及更好地适应中国新的城市化挑战，在设计教育行业中需要什么关键的转变？

俞孔坚：

任何职业和学科都需要几代人的改变。对于今天我们要面对的事物需要有更好的认知：环境问题、气候变化、洪水、生态问题、空气污染、土壤污染、能源危机，所有的这些大问题，至少有人要明白我们景观设计师需要考虑和处理它们，因为这些问题存在于景观的场地之中。如果我们将自己定位成景观设计师，也就是说景观设计师和规划师，就应当有能力处理这些大问题。

现在我会将自己定义为一个早期的觉醒者、先驱者，因为我更了解今天世界和中国面临的大问题。我们需要改变下一代，也就是你们这一代，重新定义我们的专业，这样他人才会知道我们的专业知识可以改变当今的景观现状，甚至可以改变世界。为了达到这样的目的，我们需要发掘自己的文化，学习大禹，学习中国的劳动人民、早期的农民们。因为他们知道怎么治理水，怎么处理土地，他们知道如何利用不同的技能生存，如何让土地变得更加高产，如何使营养物质得以循环利用，如何处理干旱问题使人得以继续生存。这些需要的都是完全不同的技能。教育需要回到传授人们赖以生存的这些生存技能、生态学智慧、生存智慧的路上。

GARLIC： 2020 年，新冠病毒的大流行极大地改变了全人类的生活，在这期间您的思维有哪些方面的转变？

俞孔坚：

类似 COVID-19 的世界疫灾不是第一次，也不会是最后一次。然而，这次比以往任何一次都有更多值得反思的地方。于我而言，最重要的认识是关于人与自然之间的关系：

这次世界疫灾告诉我们，企图掌控自然的人类是多么傲慢自大。大自然的真正力量远远超乎我们的认知和想象。科学家告诉我们，地球上的病毒比我们在天空中看到的星星还要多。这就是为什么在大自然面前，我们要始终保持谦卑。

疫情期间，我们体会到了与自然分离的痛苦。对于城市中千百万的禁足居民而言，拥有片刻的自由突然变得奢侈起来。中国安徽省政府解除封禁的第一天，黄山——中国最具标志性的自然景观——便挤满了游客，他们在大自然中尽情地呼吸新鲜空气。但是第二天，由于担心COVID-19复发，政府被迫再次关闭了景区。我们比以往任何时候都更加意识到，人类无法承受失去自然、与自然分离的命运。

这次世界疫灾给景观设计师提出了一个永恒的考验，让我们重新审视：如何为自然争取更多的空间，同时又能保持人类与自然在情感和身体上所需要的联系，从纯粹自利的角度利用并享受自然所提供的生态系统服务？

附录

古斯·贝默
（Guus Beumer）
采访：景斯阳
听译翻译：景斯阳、王淇钰
图文编辑：王淇钰、景斯阳、西禹宁

坎迪斯·达蒙
（Candace Damon）
采访：周张侃、景斯阳
听译翻译：赵睿、冉冉、靖宜
视频制作：靖宜
图文编辑：赵睿、王淇钰、景斯阳、西禹宁

戴维·古弗尼尔
（David Gouverneur）
采访：周张侃、景斯阳
文字听译：周张侃、景斯阳
文字翻译：周张侃、景斯阳、何舒言
图文编辑：何舒言、景斯阳、西禹宁

尼尔·柯克伍德
（Niall Kirkwood）
采访：周张侃、景斯阳
听译翻译：张爱苓、景斯阳、黄温舒
图文编辑：黄温舒、西禹宁

亚历克斯·克里格

（Alex Krieger）

采访：周张侃

文字听译：张爱岑、周艺旋、景斯阳

文字翻译：黄温舒、景斯阳

图文编辑：黄温舒、景斯阳、西禹宁

刘健

采访：周张侃、景斯阳

听译翻译：黄羽杉

图文编辑：邱彩琳、景斯阳、西禹宁

李翔宁

采访：景斯阳、周张侃

听译翻译：李虹

图文编辑：邱彩琳、赵睿、景斯阳、西禹宁

李振宇

采访：景斯阳、周张侃

听译翻译：丁艺

图文编辑：邱彩琳、赵睿、景斯阳、西禹宁

威廉·迈尔斯

（William Myers）

采访：景斯阳

听译翻译：景斯阳

图文编辑：景斯阳、西禹宁

露辛达·桑德斯

（Lucinda Sanders）

采访：景斯阳、周张侃

听译翻译：景斯阳、周张侃、丁荟友

图文编辑：景斯阳、周张侃、西禹宁

玛莎·施瓦茨

（Martha Schwartz）

采访：周张侃、景斯阳

听译翻译：赵睿、沈潼、靖宜、王淇钰

视频制作：赵睿、靖宜

图文编辑：赵睿、王淇钰、景斯阳、西禹宁

胡永泰

（Woo Wing Thye）

采访：景斯阳、周张侃

摄影摄像：张雯、陈博翔

听译翻译：赵睿、姝珂、大伟

图文编辑：赵睿、景斯阳、西禹宁

俞孔坚

采访：景斯阳、周张侃

听译翻译：景斯阳、周张侃

图文编辑：景斯阳、卢柏沄、西禹宁

注释

1. 建筑理论的多元理论之一,"Architecture Parlante"是由法国著名建筑师在法国大革命期间提出的。"Architecture Parlante"源于法语,意思是"会说话的建筑"或"会说话的架构"。Architecture Parlante 也被认为是一种意识形态,它为建筑师和最终用户设计的建筑带来了新的叙事。建筑理论也是一种理论,包含了结构之间的日常交流,在这里,建筑,在我们所居住的建筑环境中。该理论认为,设计一个建筑、空间或城市区域等的文化应该从错误的目的和身份中解放出来,并由此展开。它促进了设计元素,无论是建筑杰作或单一结构,应该结束其存在的表现,而不仅仅是占领空间,更多地,通过描述自己真实的原始功能和性质。
2. Droog(droog 是荷兰语,意思是"干燥")是一家位于荷兰阿姆斯特丹的概念性荷兰设计公司。Droog 已经实现了产品、项目、展览和活动。Droog 是一个国际知名的设计品牌,也是荷兰设计最著名的表现者之一。
3. 马里奥·罗曼纳奇(Mario Romañach,1917—1984),古巴现代主义建筑师、规划师和大学教授。马里奥·罗曼纳奇创造性地利用了传统的建筑解决方案,并将其融入西方现代主义大师和日本传统建筑大师的结合过程中,创造了一种现代和区域主义的语言。他被认为是 20 世纪 50 年代最具想象力的古巴建筑师之一。
4. 特雷弗·达纳特(Trevor Dannatt,1920—2021),英国皇家科学院院士、教师和高产的作家,第二次世界大战后不久著名建筑师中的主要人物。他密切参与了关于"现代主义"和"人文主义"建筑语言的辩论,这为他的许多充满思考和敏感的建筑提供了依据。
5. 阿纳·雅各布森(Arne Jacobsen,1902—1971),丹麦建筑师、设计师,丹麦现代主义 20 世纪的代表人。除了建筑,他还设计了一系列独特的椅子等家具,被认为是丹麦 20 世纪最重要的国际建筑师和设计师。他的设计遵循了功能主义风格,著名设计作品有家具蛋椅, 丹麦国家银行。

6. 棕地（Brownfield），指被弃置的工业或商业用地而可以被重复使用的土地。此类土地可能在过往的土地利用中被少量的有害垃圾或其他污染物污染，土地的再次利用变得困难，需要得到适当的清理。

7. NBBJ：美国NBBJ建筑设计公司是一家全球性的建筑设计公司，在西雅图、纽约、洛杉矶、旧金山、哥伦比亚和罗里达勒姆分别设有分公司，同时在挪威的奥斯勒，中国的北京、台北，日本的东京均设有办事机构。主要作品有：24号胡同、三星世界健身俱乐部、保罗·布朗露天大型运动场等。

8. 莫里尔赠地法案：亦称《赠予学院土地法案》。有关以国有土地资助教育事业的法案。1862年由美国国会通过。该法案由佛蒙特州参议员莫里尔（Justin Smith Morrill，1810—1892）提出，故名。旨在扶持美国各地的科技教育，推动地方经济发展。主要内容：将公用土地赠予仍忠于联邦政府的州，土地额度按各州在参、众两院的人数划定，无公用土地的州则发给公用土地授予证，供其通过交换获取建校用地。该法案对推动美国中西部的公立大学发展起到重要作用，多数高校都设有农业教育以及实用性学科教育，提高了中西部的人口素质，为19世纪末美国经济发展提供了坚实的教育基础。

9. 城乡二元结构：在发展中国家由传统农业经济向现代工业经济过渡的历史进程中，必然出现农村相对落后的生产和生活方式与城市不断进步的现代生产、生活方式之间的不对称的组织形式和社会存在形式，即所谓"城乡二元结构"。

10. 新城市主义：新城市主义是20世纪90年代初针对郊区无序蔓延带来的城市问题而形成的一个新的城市规划及设计理论。主张借鉴二战前美国小城镇和城镇规划优秀传统，塑造具有城镇生活氛围、紧凑的社区，取代郊区蔓延的发展模式。

11. 约翰·杜威（John Dewey），1859—1952年：美国著名哲学家、教育家、心理学家，实用主义的集大成者，也是机能主义心理学和现代教育学的创始人之一。如果说皮尔士创立了实用主义的方法，威廉·詹姆斯建立了实用主义的真理观，那么，杜威则建造了实用主义的理论大厦。他的著作很多，涉及科学、艺术、宗教伦理、政治、教育、社会学、历史学和经济学诸方面，使实用主义成为美国特有的文化现象。

12. 鲁班奖：中国建筑工程鲁班奖（国家优质工程）〔China Construction Engineering Luban Prize (National Prime-quality Project)〕，简称"鲁班奖"，是一项由中华人民共和国住房和城乡建设部指导、中国建筑业协会实施评选的奖项，是中国建筑行业工程质量的最高荣誉奖。

13. 伊塔洛·卡尔维诺（Italo Calvino，1923—1985），意大利当代作家。主要作品有小说《分成两半的子爵》《树上的男爵》《不存在的骑士》等。

14. 约翰·米尔顿·凯奇（John Milton Cage Jr.，1912—1992）：美国先锋派古典音乐作曲家，勋伯格的学生。

15. 亚历杭德罗·阿拉维纳（Alejandro Aravena），1967年出生，毕业于德拉智利天主教大学，普利茨克建筑奖评审团成员，2009年7月获得"马库斯奖"的第三个获得者。2016年1月获普利兹克建筑奖。

16. 类型学：一种分组归类方法的体系，通常称为类型，类型的各成分是用假设的各个特别属性来识别的，这些属性彼此之间相互排斥而集合起来却又包罗无遗，这种分组归类方法因在各种现象之间建立有限的关系而有助于论证和探索。

17. 克里斯蒂安·德·波赞巴克（Christian de Portzamparc）：法国人，建筑设计师，城市规划设计师，艺术家。他主张在建筑设计中利用空间来构筑实体，而不是以实体的叠加组合来构筑空间。其主要的设计作品包括格拉斯城法院、巴黎国际会议大厦、纽约路易威登大厦和柏林法国驻德大使馆等。

18. 大脚革命：中国古代少女为追求美丽和嫁入豪门而被迫裹小脚，"大脚"被视为粗野的代名词。但这是一种病态的审美，是不应该被提倡的。目前中国正经历着"城市美化运动"，在"小脚美学"的指导下追求毫无意义的风格和异国情调，过分强调人工改造，用人工的"裹脚布"去束缚自然，使其丧失了原有的生态功能。"大脚革命"的城市主义是对过去30年小脚城市主义的反思。建设低碳节约的生态城市，需要解放自然的大脚，让自然能够充分发挥其生态效益，这是一种新的美学来赋予城市新的美丽。

19. 黑山学院（Black Mountain College）：1933 年创立于美国，是美国一所以引领革新著名的学校。但在 1957 年结束校务。尽管只有约 23 个年头和约近 1200 名学生，黑山学院过去在艺术的教育与实践上是最具虚构实验性制度的，在 20 世纪 60 年代的美国造就了数位非凡的前卫派先锋艺术家。
20. IFLA：International Federation of Landscape Architects，国际风景园林师联合会。
21. ArcGIS：是一个全面的系统，用户可用其来收集、组织、管理、分析、交流和发布地理信息。

图片来源

古斯·贝默
(Guus Beumer)
图 1– 图 7 约翰内斯·施瓦茨提供

坎迪斯·达蒙
(Candace Damon)
图 1– 图 3 亚历克莎·霍耶(Alexa Hoyer)提供
图 4 伊丽莎白·维拉尔塔(Elizabeth Villalta)提供
图 5 GARLIC 提供

戴维·古弗尼尔
(David Gouverneur)
图 1 GARLIC 提供
图 2– 图 9 戴维·古弗尼尔提供

尼尔·柯克伍德
(Niall Kirkwood)
图 1 GARLIC 提供
图 2– 图 5 尼尔·柯克伍德提供

亚历克斯·克里格
(Alex Krieger)
图 1– 图 13 亚历克斯·克里格提供

刘健
图 1 GARLIC 提供
图 2– 图 9 刘健提供

图 10 GARLIC 提供

李翔宁

图 1– 图 2 李翔宁提供

图 3 GARLIC 提供

图 4 田方方提供

图 5– 图 8 高长军提供

图 9– 图 10 李翔宁提供

图 11– 图 12 Archi-Union Architects 提供

李振宇

图 1 GARLIC 提供

图 2– 图 6 李振宇提供

威廉·迈尔斯
（William Myers）

图 1 威廉·迈尔斯提供

图 2 克里斯托弗·弗兰肯（Kristof Vrancken）提供

图 3 华中科技大学出版社提供

图 4 博埃里工作室提供

图 5 生命体提供

图 6 费迪南·路德维希和科尼利厄斯·哈肯布拉赫特提供

图 7 兰伯特·沙杜普（Lambert Shadap）提供

图 8 SCAPE 景观建筑有限公司提供

图 9 雷维塔尔·科恩提供

图 10 高空中的守卫者提供

图 11 约翰·贝克尔和杰夫·马诺提供

图 12 卢玛基金会（Luma Foundation）安东尼·拉布（Antoine Raab）提供

图 13 爱德华多·卡克提供

图 14 戴安娜·谢勒提供

图 15 萨拉·金妮（Sara Kinney）提供
图 16 Wyss 研究所提供

露辛达·桑德斯
（Lucinda Sanders）
图 1 GARLIC 提供
图 2 Peter Mauss/Esto 提供
图 3 景观建筑基金会提供
图 4 Sahar Coston-Hardy 提供
图 5 哈德逊河公园马克斯·古利亚尼提供
图 6 Moccasin Bend，Rohan Maclaren Lewis 提供
图 7 OLIN 提供
图 8 OLIN 提供

玛莎·施瓦茨
（Martha Schwartz）
图 1 GARLIC 提供
图 2- 图 8 玛莎·施瓦茨工作室提供

胡永泰
（Woo Wing Thye）
图 1- 图 4 GARLIC 提供

俞孔坚
图 1 GARLIC 提供
图 2- 图 15 土人设计提供

后记

2016年夏天，美国景观设计基金会（Landscape Architecture Foundation）与宾夕法尼亚大学举办了主题为"新景观宣言"（The New Landscape Declaration）的重要峰会。50年前，"生态设计之父"伊恩·麦克哈格先生与一众景观与规划设计领袖发表了"忧虑宣言"，表达出对当时环境的忧虑并且倡导设计师作为解决该危机的生力军。此次峰会基于1966年提出的忧虑宣言重新起草宣言，并作为50年后新理念的里程碑。也是在这次大会上，我秉着"初出茅庐不怕虎"的精神争取了与大师彼得·沃克、玛莎·施瓦茨、詹姆斯·科纳面对面采访的机会。

在此之前，我在宾夕法尼亚大学读书期间有幸选到露辛达·桑德斯（Lucida Sanders）（昵称为辛迪）教授一门叫"设计师的颠覆性领导力"（Transformational Leadership for Designers）的课程。这门课跟普通的设计课、理论课非常不同，它更像是一门心灵治疗课。同学们一度称之为"鸡汤课"。在第一节课上，辛迪就推荐了一本封面印着硕大U字的书：《U型变革：从自我到生态的系统革命》（*Theory U: Leading From the Emerging Future: From Ego-System to Eco-System Economies*）。辛迪借助这本书的框架帮助我们在课上剖析自己的成长历程、使命、愿景和激情在哪里。这本书对我的影响极大，以至于我后来到哈佛继续求学，专门去隔壁的麻省理工学院（MIT）找到《U型变革》的作者：奥托·夏莫（Otto Schamer）教授，软磨硬泡在MIT斯隆商学院又选修了一遍他为企业高管上的"U型变革"课程。在辛迪课上，我当时的关注点是：景观设计师的跨学科领导力研究。期末汇报前，当我的提案苦苦没有进展时，辛迪建议我："为什么不从采访已经是行业领导者的设计师开始呢？"于是我摸索着踏上访谈之路，从身边的宾夕法尼亚大学院长、系主任、教授开始，再到在"新景观宣言"峰会上采访到彼得·沃克、玛莎·施瓦茨等大师。并在此过程中，我与宾夕法尼亚大学好友周张侃共同创办了 GARLIC 设计智库。

从 2016 年到 2017 年，我与周张侃把 GARLIC 从宾夕法尼亚大学带到哈佛大学、MIT，采访对象从景观设计大师扩展到规划、建筑领域世界一流大学的教育领导者、教授、国际公司高管、明星设计师、跨领域实验先锋者等。GARLIC 的采访团队由开始的宾夕法尼亚大学同届好友张雯、赵睿作为左膀右臂，逐渐发展为具有 20-30 人规模的志愿者团体。志愿者大多来自宾夕法尼亚大学、哈佛大学、MIT、罗德岛设计学院、北京大学、北京林业大学等中美高校学生。2016 年 8 月，我与周张侃到哈佛设计学院求学后，GARLIC 还开始举办跨学科沙龙、峰会，包括与哈佛商学院联合举办的"无人驾驶论坛"协助哈佛设计学院、哈佛商学院举办的哈佛"亚洲商业论坛"城市板块；题为"共享出行与城市未来""超越设计的设计师""突破设计的思维"等沙龙。2015 年至 2018 年，GARLIC 逐渐发展成为中美设计及跨学科人才交流平台，推动中美顶尖学生、学者、教授、设计师、企业家和决策者之间的创新交流并致力于拓宽知识智慧的边界。GARLIC 的定位是中国未来 50 年新常态下新型城镇化建设的智库。GARLIC 的使命是致力于找到新一代中国设计师自己的声音。GARLIC 的青年设计师将会是中国未来 50 年新常态下新型城镇化建设的智库。

GARLIC 几个字母分别代表：
G（Genius）人才：发现具有时代先锋精神的青年设计及跨领域领袖；
A（Associations）联盟：联合中国最优秀的设计人才以及宾夕法尼

亚大学和哈佛大学景观设计、城市设计、建筑设计、跨领域创新的校友；

R（Research）研究：探索新常态下中国新型城镇化建设的思路；

L（Learning）学习：学习辩证思维以应对新型城镇化的挑战；

I（Intelligence）智慧：分享并探索设计的智慧和边界；

C（Collaboration）合作：学生、学者、教授、设计师、企业家和决策者之间的交流、合作、共赢。

每每想起我们用不充裕的课余时间以及整个寒暑假，东奔西走于中国与美国的各大城市、企业、事务所、教授办公室，在极有限的时间内完成调研、收集资料、提问、稿件整理、视频剪辑、翻译、峰会报道等工作，都能重新燃起我要大干一番的渴望。在这些年间，我在宾夕法尼亚大学设计学院前院长玛丽莲·泰勒、景观系主任理查德·韦勒的指导下完成了宾夕法尼亚大学的毕业设计：京津冀大区域规划与生态创新提案；在著名中国城市研究专家、哈佛大学前院长彼得·罗的指导下完成了哈佛大学的毕业论文："北京绿环研究：历史、问题、比较与导则"（Beijing Green Belt: history, problems, comparison, and guideline）。我在美国求学过程中，始终关心的是我能为中国做些什么。毕业后，我回到国内任教于中央美术学院设计学院，在宋协伟院长的指导与支持下创立了危机与生态设计研究方向，重新出发，尝试构建基于广义生态学，以合成材料科学、人工智能、地理信息学、气候学、未来学辅助设计科学的研究与教学方法。危机与生态设计方向汇集各种知识框架，从人文主义到生态学，从动植物权利到人工智能，从人类世到第三自然。我研发了系列课程：响应式环境、气候货币、后碳未来、智慧城市的触点等，关注碳足迹、食物系统、空气、能源、海洋等方面的设计与研究议题。而这些，都离不开访谈中宝贵的思路对我的滋养与启发。

后记

感谢宾夕法尼亚大学设计学院景观系主任理查德·韦勒（Richard Weller）、教授露辛达·桑德斯（Lucida Sanders），没有二位先生在学术日常中亦师亦友的关怀与指点，我也许缺乏迈出第一步的勇气。感谢弗雷德里克·斯坦纳（Frederick Steiner）院长、劳里·欧林（Laurie Olin）教授、戴维·古弗尼尔（David Gouverneur）教授、穆森·穆斯塔法维（Mohsen Mostafavi）院长以及我的导师彼得·罗教授，你们的谦逊宽和，让我在最初面对大师时，少了一份忐忑，多了一份自信。感谢北京大学的俞孔坚教授、李迪华教授、清华大学的郑晓笛教授、《中国园林》杂志的金荷仙主编，SMART主席王旭老师，你们为我提供了宝贵的国内视野。感谢中央美术学院院长范迪安教授，设计学院院长宋协伟教授、王子源教授、靳军教授、张欣荣教授、韩涛教授等院领导对我工作以来的栽培、信任与指导。尤其感谢宋协伟院长，将危机与生态设计学科建设的重担交给我，为我提供巨大的空间与机会进行学科探索、实验与创新，使我的研究方向有良好的发展平台。感谢与GARLIC一路走来，现已成为各大国内外设计企业中坚力量的周张侃、赵睿、张雯、罗亚丹、张晨迪、黄羽杉等好友。感谢宾夕法尼亚大学同窗吴尤博士的举荐，我得以结识中国建筑工业出版社主任戚琳琳女士。感谢戚琳琳老师、姚丹宁老师的辛苦编辑、审校工作。感谢刘治治老师对于书籍设计的建议。感谢我的学生倪尔璐、西禹宁、黎超群、卢柏云等，帮助我完成重要的基础工作。最后，感谢我的家人无条件的支持与鼓励。

景斯阳

2022年12月于北京望京

图书在版编目（CIP）数据

危机与转机：当代设计大家访谈录 / 景斯阳编著. —北京：中国建筑工业出版社，2023.10
ISBN 978-7-112-29017-8

Ⅰ.①危… Ⅱ.①景… Ⅲ.①设计师—访问记—世界—现代 Ⅳ.①K816.16

中国国家版本馆CIP数据核字（2023）第165162号

责任编辑：戚琳琳　姚丹宁
书籍设计：张悟静
责任校对：王　烨

危机与转机
当代设计大家访谈录

景斯阳　编著

*
中国建筑工业出版社出版、发行（北京海淀三里河路9号）
各地新华书店、建筑书店经销
北京锋尚制版有限公司制版
北京富诚彩色印刷有限公司印刷

*
开本：889毫米×1420毫米　1/32　印张：7⅞　字数：225千字
2024年1月第一版　　2024年1月第一次印刷
定价：**98.00**元
ISBN 978-7-112-29017-8
（40987）

版权所有　翻印必究
如有内容及印装质量问题，请联系本社读者服务中心退换
电话：（010）58337283　QQ：2885381756
（地址：北京海淀三里河路9号中国建筑工业出版社604室　邮政编码：100037）